Yildiz · Meixner | Nach der Heimat

[Was bedeutet das alles?]

Erol Yildiz
Wolfgang Meixner

Nach der Heimat

Neue Ideen für eine mehrheimische Gesellschaft

Reclam

RECLAMS UNIVERSAL-BIBLIOTHEK Nr. 14060
2021 Philipp Reclam jun. Verlag GmbH,
Siemensstraße 32, 71254 Ditzingen
Gestaltung: Cornelia Feyll, Friedrich Forssman
Druck und Bindung: Eberl & Koesel GmbH & Co. KG,
Am Buchweg 1, 87452 Altusried-Krugzell
Printed in Germany 2021
RECLAM, UNIVERSAL-BIBLIOTHEK und
RECLAMS UNIVERSAL-BIBLIOTHEK sind eingetragene Marken
der Philipp Reclam jun. GmbH & Co. KG, Stuttgart
ISBN 978-3-15-014060-4

Auch als E-Book erhältlich

www.reclam.de

Inhalt

Viele Gesichter der Beheimatung

Der Begriff ›Heimat‹ – ein ebenso attraktiver wie emotionsgeladener und politisch umkämpfter Begriff – erlebt im 21. Jahrhundert ein Revival, eine Wiederkehr unter neuen Vorzeichen. Lange Zeit konservativ-nationalen Deutungen überlassen, scheint die Idee hinter dem Begriff im deutschen Sprachraum heute wieder eine breitere Aufmerksamkeit zu erfahren: vom Heimatministerium in Bayern über die Belebung regionaler und ökologischer Traditionen bis hin zum Thema politischer Wahlkämpfe, wo, mit Bildern von Heimat und Tradition geworben wird – inzwischen sogar von Österreichs Grünen.

Angesichts der enormen Auswirkungen von Globalisierungsprozessen auf den lokalen Alltag vor Ort, auf das individuelle Lebensumfeld jedes Einzelnen, scheint es an der Zeit, unsere Konzepte von Heimat einer gründlichen Neubetrachtung zu unterziehen. Der hier gewählte Titel *Nach der Heimat* signalisiert somit nicht die völlige Abkehr von diesem vielbeschworenen Begriff, sondern einen *Perspektivwechsel, eine Öffnung*: Er bezeichnet einen nachdenklichen, einen reflexiven Zugang zum Begriff ›Heimat‹ im Hier und Heute, ein Um- und Neudenken jenseits ideologisch-nationaler Deutungen. Wir wollen den Blick öffnen auf ein *vielschichtiges und hybrides Konzept von Heimat*, das je nach Kontext unterschiedliche Bedeutungen entfalten kann. Schnell wird sich dabei eine *Topografie des Möglichen* abzeichnen.

Neue Ideen für eine mehrheimische Gesellschaft entstehen aus der Lebenswirklichkeit von Menschen in einer globalisierten, durch geografische und digitale Mobilität, durch zunehmende Vielheit geprägten Gesellschaft.[1]

Immer weniger Menschen verbringen ihr ganzes Leben an ein und demselben Ort, viele haben, über Ländergrenzen hinweg, ihren Wohnsitz mehrmals gewechselt. Geografische und kognitive Bewegungen (das Erlernen eines neuen Berufes, lebenslange Weiterbildung) gehen Hand in Hand. Selbst in ›alteingesessenen‹ Familien findet sich bei näherer Betrachtung oft ein ›Migrationshintergrund‹.

Dies alles gehört zum Alltag und wird doch häufig erst auf den zweiten Blick sichtbar, nämlich dann, wenn Lebensgeschichten erzählt und reflektiert werden. Heimat öffnet sich! Vieles, was wir heute als national oder homogen wahrnehmen, ist ein Ergebnis von Vermischung und Übersetzung, ein Teil ineinander verflochtener Geschichten. Und längst haben Lebensweisen und Kulturtechniken aus weit entfernten Teilen der Welt in lokale Lebensstile Einzug gehalten: Ob virtuelle Kontakte im World Wide Web, ob Tai-Chi oder Yoga-Kurs, chinesische Küche oder argentinischer Tango, ob Fernreisen, Freundschaften über Ländergrenzen hinweg oder das Engagement in einer internationalen Organisation – die Beispiele erscheinen fast zu trivial, um sie eigens zu erwähnen.

Aus der Öffnung der Welt leiten sich folgende Ideen ab:

1) Gesellschaftliche Wandlungs- und Migrationsprozesse stellen konventionelle Konzepte von Heimat in Frage. Sie erfordern ihre Re-Vision bzw. ihre Neubetrachtung und Neuausrichtung.
2) Durch die Öffnung der Orte zur ganzen Welt hin entstehen neue Verortungspraktiken, die Entferntes miteinander verknüpfen, Raum- und Ortsentwürfe, die sich

nicht durch Grenzen oder Abgrenzung, sondern durch Verbindungen konstituieren.

3) Unterschiedliche kulturelle Elemente, Erfahrungen und Lebensentwürfe von transnationaler Reichweite werden vor Ort aufeinander bezogen und miteinander kombiniert. Auf diese Weise gewinnen sie für die Beteiligten eine individuelle biografische Relevanz.

Doch auch gegenläufige Tendenzen, solche der Grenzziehung und Abschottung, sind zu verzeichnen: Schließungsprozesse, die mit einer Wiederbelebung von Nationalismen, Rassismus und Fundamentalismus einhergehen. Die *Öffnung der Orte zur Welt* wird durch Re-Nationalisierungsprozesse konterkariert.

Diese Dynamik erfordert ein Überdenken unserer Vorstellungen von Ort, Zeit und ›Welt‹ – und damit auch herkömmlich begrenzter *Heimatbegriffe, die eine zukunftsfähige Prägung erhalten und unserer gesellschaftlichen Wirklichkeit Rechnung tragen sollen.* In dieser Sichtweise grenzt Heimat nicht ab, grenzt nicht aus; sie wird zu einem inklusiven, aber auch ›konfliktoffenen Ort‹. Daraus folgt schließlich die programmatische Idee: *Heimat ist teilbar, Mehrheimischsein ist möglich. Gehört es nicht längst zur Alltagsnormalität?*

Der Begriff ›Heimat‹, der sich nicht ohne Weiteres in andere Sprachen übertragen lässt, ist selbst historischen Wandlungen unterworfen. Zunächst nur rechtlich-normativ gedeutet, wurde Heimat von einigen Literaten, die man der Epoche der Romantik zuordnet, als Gegenentwurf zum Universalismus der Moderne konzipiert: Es ging darum, sich auf die einzelnen Wurzeln (wie etwa im Volkslied) zu versichern.

Später wurde der Begriff mit der Bildung von Nationalstaaten ab Ende des 18. Jahrhunderts für nationalistisches Denken instrumentalisiert, ethnisch-national eingefärbt und durch homogene Normvorstellungen und Denkordnungen radikalisiert. Traditionen werden neu geschrieben, Grenzen neu gezogen, bestimmte Sprachen privilegiert, andere abgewertet.

Völkische Heimatbewegungen beschworen im Nationalsozialismus die fiktive Einheit eines ›rassisch‹ definierten Volkes – nichtzugehörig zu sein hieß minderwertig zu sein. Arbeiterbewegung und politische Linke lehnten ›Heimattümelei‹ oder ›Volkstümelei‹ ab.

Wegen solcher historisch-ideologischen Instrumentalisierungen ist der Heimatbegriff also umstritten, obwohl es Versuche gab, ihn neu zu definieren und positiv zu besetzen. Der Auseinandersetzung stellten sich im 20. Jahrhundert zahlreiche Autorinnen und Autoren, oftmals unter dem Eindruck von Exil und Vertreibung: etwa Ernst Bloch (*Das Prinzip Hoffnung*) und Hannah Arendt (*We Refugees*), aber auch Vertreterinnen und Vertreter der Neuen Linken angesichts der Arbeitsmigration seit den 1960er Jahren. ›Heimat‹ firmiert als Utopie, als Prozess, als emanzipatorischer Begriff, auch jenseits bürgerlicher Rückzugsräume, bis seit den 1990er Jahren wieder ein politisches Abdriften nach ›rechts‹ zu beobachten ist.

Was bedeutet Heimat in einer globalisierten Gesellschaft? Nicht ein für alle Mal festgelegte Gegebenheiten, sondern sein beweglicher, prozessualer Charakter machen einen zeitgemäßen Heimatbegriff aus. Die Idee einer mobilen Heimat überwindet die Fixierung auf einen geografischen Raum und widerspricht gänzlich der Heimatideologie des 20. Jahrhunderts.

Heimaten werden sozial hergestellt. Heimat ist ein translokales, transkulturelles Geflecht unterschiedlicher Perspektiven und Erfahrungen, und ist damit immer ein *hybrides Konstrukt.*

Durch den Blick auf alltägliche Erfahrungen und biografische Beispiele wird nachvollziehbar, dass Mehrfachzugehörigkeiten in einer globalisierten und durch Migration geprägten Welt zur Normalität gehören: Von der ersten Migrationsgeneration über die ›postmigrantischen‹ Nachkommen bis hin zu ›Alteingesessenen‹: Wir alle sind längst dabei, in einer globalisierten Gesellschaft und inmitten gesellschaftlicher Umbrüche auf individuelle Weise *mehrheimisch* zu werden. Den einen mag dies leichter fallen als anderen. Die gute Nachricht lautet, dass man in diesem Zusammenhang auf langjährige Erfahrungen von Migration und Vielheit zurückgreifen kann, die in unserer Gesellschaft vorhanden, aber lange Zeit ignoriert worden sind. Auf die eine oder andere Weise sind wir alle mehrheimisch geworden, wir leben mit Vielheit – und wir leben gut damit.

Historische Wandlungen des Heimatbegriffs

Das deutsche Wort ›Heimat‹ weist eine lange Begriffsgeschichte auf, in deren Verlauf sich der normative Gebrauch immer mehr in einen emotional aufgeladenen, ideologischen wandelte. Daraus schlossen viele, so auch der Schweizer Historiker Carl Jacob Burckhardt (1891–1974) in seinen Dankensworten zur Verleihung des Friedenspreises des deutschen Buchhandels (1954), dass das Wort spezifisch deutsch und unübersetzbar sei (weshalb es wie ›kindergarten‹ oder ›zeitgeist‹ im Englischen als Lehnwort in andere Sprachen übernommen wurde). Der Volkskundler Hermann Bausinger (*1926) hat darauf hingewiesen, dass bei seiner Übersetzung »weniger die allgemeinen Gefühle persönlicher Aneignung eines Ortes oder einer Landschaft« als vielmehr ein anderer Teil seiner Bedeutung, nämlich »die spezifische Färbung dieser Gefühle«, verlorenginge.[1]

Bis zur Mitte des 19. Jahrhunderts wurde ›Heimat‹ vorwiegend im juristischen und geografischen Sinne gebraucht.[2] Der Begriff bezeichnete bis dahin das Land oder den Landstrich, in dem man geboren war oder seinen ständigen Aufenthalt hatte.[3] Wichtig wurde er auch im Zusammenhang mit Rechten und Pflichten der Versorgung, da der vormoderne Staat neben der Staatsbürgerschaft auch ein Heimatrecht kannte. Mit diesem verbunden war das Aufenthaltsrecht einer Person – und damit auch ein Anspruch auf zumindest notdürftige Versorgung durch die öffentliche Hand. In modernen Staaten wurden diese Garantien durch das Recht auf Freizügigkeit und das Sozialstaatsprinzip abgelöst.

Der Gegenbegriff zu Heimat war ›Elend‹, im Sinne von »Einöde«, »im Ausland sein«.[4] Im 18. Jahrhundert taucht das Komposita ›Heimweh‹ auf, das »die Sehnsucht nach der Heimat« beschrieb, die »leicht jüngere Leute« befällt. Heimweh, auch als eine Form der Melancholie oder Nostalgie verstanden, wurde im 19. Jahrhundert als »Schweizerkrankheit« beschrieben, da man annahm, dass diese Krankheit vorzugsweise Schweizer ergreife, die als Schweizer Soldaten »die unreine stickige Luft mehr flacher Gegenden nicht ertragen« würden, da sie »die reine Luft hoher Berge gewohnt« seien.[5]

Ab dem Ende des 18. Jahrhunderts wurde der Heimatbegriff ideologisch aufgeladen: zunächst wie erwähnt in der Zeit der deutschen Romantik durch die Verklärung des Urtümlichen, Ländlichen, des Bäuerlichen sowie der vorindustriellen Idylle; später, ab dem 19. Jahrhundert, als positiv besetzter (›schöne Natur‹) bürgerlich-utopischer Heimatbegriff, der ab der Mitte des Jahrhunderts durch die zunehmend ›völkisch‹-politische Gesinnung des (liberalen) Bürgertums von einem ›national-politisch-utopischen Heimatbegriff‹ abgelöst wurde. Teile der politisch Liberalen wandelten sich zu Nationalliberalen und suchten ihr Heil in einer Germanisierung der Heimat, in der das ›Volk‹ zum Ideal und zur Idylle verklärt wurde. Ein ideologisch-wissenschaftlicher Wegbereiter dafür war Wilhelm Heinrich Riehl (1823–1897).[6] Er erhob »den Bauer« zum nationalen Tugendsymbol, der kein »entarteter Mensch« sei, da er noch in einer patriarchalen Ordnung lebte.

An diese ideologischen Aufladungen knüpften um 1900 konservative Konzepte von Heimatkunde, Heimatschutz sowie Heimatforschung an. Der Nationalsozialismus entwickelte also keine eigene geschlossene Ideologie der Heimat: Er griff bereits vorhandene Konzepte auf, vereinnahmte die Heimatbewegung und deutete sie für seine Ziele um.

Die Arbeiterbewegung und die politische Linke besetzten den Begriff ›Heimat‹ dagegen nicht oder lehnten die mit ihm verbundenen Ideen mehr oder weniger offensiv als ›Heimattümelei‹ ab. Ihre Heimat war die Welt, im Sinne von »ubi bene, ibi patria« – »Wo es mir wohl geht, da ist mein Vaterland«.

Nur wenige Linke beschäftigten sich in der ersten Hälfte des 20. Jahrhunderts mit Heimat, etwa Walter Benjamin (1892–1940) in *Einbahnstraße*, Siegfried Kracauer (1899–1966) in *Das Ornament der Masse*, Antonio Gramsci (1891–1937) in seinen *Quaderni del carcere* (*Gefängnishefte*) sowie Max Horkheimer (1895–1973) und Theodor W. Adorno (1903–1969) in ihrer *Dialektik der Aufklärung*. Manche versuchten, dem Begriff etwas Positives abgewinnen, so der Journalist und Schriftsteller Kurt Tucholsky (1890–1935), der in seinem Buch *Deutschland, Deutschland über alles* (1929) im Kapitel »Heimat« dem Patriotismus die »Heimatliebe« gegenüberstellt, die er sich von niemandem nehmen lassen wolle.[7]

Der Philosoph Ernst Bloch (1885–1977) verwendet den Heimatbegriff mehrfach und mit Nachdruck in seinen philosophischen Arbeiten. Eindeutige Position bezieht er in seinem Heimatcredo in der Schlusssequenz seines Hauptwerks *Das Prinzip Hoffnung*, das er von 1938 bis 1947 im US-amerikanischen Exil verfasst hatte, das aber erst nach Ende des Zweiten Weltkriegs in Deutschland publiziert wurde:

> Der Mensch lebt noch überall in der Vorgeschichte, ja alles und jedes steht noch vor Erschaffung der Welt, als einer rechten. Die wirkliche Genesis ist nicht am Anfang, sondern am Ende, und sie beginnt erst anzufangen, wenn Gesellschaft und Dasein radikal werden, das heißt sich an der Wurzel fassen. Die Wurzel der Geschichte aber ist der arbeitende, schaffende, die Gegebenheiten umbildende und überholende Mensch. Hat er sich erfaßt und das Seine ohne Entäußerung und Entfremdung in realer Demokratie begründet, so entsteht in der Welt etwas, das allen in die Kindheit scheint und worin noch niemand war: Heimat.[8]

Für Bloch ist Heimat eine Chiffre für die gelungene Vermittlung zwischen Subjekt und Objekt. Der Begriff ist für ihn nicht Herkunft, sondern »Utopikum« – Heimat umfasse die Welt als Ganzes.

In seinem bereits 1935 im Schweizer Exil veröffentlichten Werk *Erbschaft dieser Zeit* analysierte Bloch, welch prekäre Folgen es haben kann, wenn der Begriff rückwärtsgewandt – und nicht prozessual – gedeutet wird. Seiner Ansicht nach verleugnet eine Gesellschaft, die das Spannungsverhältnis zwischen Heimat und Fremde mittels eindeutiger Bestimmungen zu einer Seite hin aufzulösen versucht, den Geschichtsprozess. Da die Wirklichkeit ihren Vorstellungen nicht entspricht, tendiert eine solche Gesellschaft dazu, an falschen Heilsversprechungen festzuhalten. Und dies zeigt sich in einem gegenüber der realen gesellschaftlichen Entwicklung rückwärtsgewandten Bewusstseinszustand.[9]

Bloch demaskiert die Verklärung der Vergangenheit, die Auffassung, früher sei alles besser gewesen. Darüber hinaus kritisiert er, dass Vokabeln des rechten Diskurses wie »Volk«, »Nation«, »Führer«, »Blut und Boden« oder »Rückkehr zur Natur«, die »scheinbar ganz ausgestorbene oder zweideutige, aber eindeutig, falsch eindeutig gemachte Begriffe« seien, im politischen Vokabular nicht besetzt sind und daher für »faschistische Zwecke« ausgenutzt werden können.

Insbesondere hält er es den Kommunisten dieser Zeit vor, diese Parolen selbst nicht besetzt und ihre Anziehungskraft nicht genutzt zu haben. Für Bloch sind das »Volk [...] diejenigen, die gemeinsam Not leiden«, und deren Nöte hätte sich die Politik anzunehmen. Bloch attestiert der Kategorie Heimat damit eine philosophische Seite und einen geschichtlichen Bezug: »Heimat« bedeutet ihm »Zuhausesein«, auch wenn er hervorhebt, dass sie »meist anders verstanden [wird], ungeheuer spießig, wo wir wieder so etwas Schlimmes drinnen haben wie bei den Nazis, wo doch auch Blut und Boden« darin stecke. Als philosophischer Begriff ist ›Heimat‹ für Bloch gegen die Entfremdung gerichtet – jedoch nicht als Vergangenheit, nach der man sich sehnt, wie er in der Emigrantenliteratur oft beschrieben werde.

In ihrem 1986 erstmals auf Deutsch veröffentlichten Essay *We Refugees* (1943) versteht Hannah Arendt Heimat als »Prozess«: Die Migranten hätten ihre Sprache verloren und mit ihr »die Natürlichkeit« ihrer Reaktionen, die Einfachheit ihrer Gebärden und den ungezwungenen Ausdruck ihrer Gefühle. Da sich ihre Identität so häufig verändere, könne keiner mehr herausfinden, »wer wir eigentlich sind«. Dies bedeutet für Arendt den Zusammenbruch der privaten Welt.[10] An anderer Stelle hebt sie hervor, dass »Menschsein […] das Recht [bedeutet], Rechte zu haben«, und damit das Recht auf Heimat, »das Recht, niemals seiner Staatsbürgerschaft beraubt zu werden, das Recht, niemals ausgeschlossen zu werden von den Rechten, die sein Gemeinwesen garantiert«.[11]

Nach 1945 war der Heimatbegriff vorerst weitgehend diskreditiert. Der Schriftsteller Martin Walser (*1927) postuliert in seinem Essay *Heimatkunde* 1967 augenzwinkernd, dass es »Heimat […] vor allem in Süddeutschland zu geben« scheine, und zwar vorwiegend in einer Gamsbart-Heimat der Intellektuellen. »Heimat« war für Walser »der schönste Name für Zurückgebliebenheit« – was ihn aber nicht daran hinderte, solcher »Heimatkunde« ein Buch zu widmen.[12] In konservativ-nationalistischen Kreisen hingegen blieb der Begriff weiterhin unkritisch in Gebrauch.

Die späteren Literatur-Nobelpreisträger Heinrich Böll (1917–1985), Günter Grass (1927–2015), der Historiker und Soziologe Eugen Lemberg (1903–1976) sowie der Politiker Norbert Blüm (1935–2020) räumten 1970 in einer Diskussion zu den Begriffen ›Heimat‹ und ›Nation‹ im Hessischen Rundfunk ein, dass es die »alte Heimat in diesem Sinne« nicht mehr gebe, sie sei »offensichtlich historisch vergangen«.[13]

Knapp zehn Jahre später, 1979, konstatierte das deutsche Recherche-Magazin *Der Spiegel*, dass Heimat eine überraschende Erneuerung aus oppositionellem Geist erlebe. Unter dem Titel »Heimat – unter grüner Flagge« nahm das Magazin die »neue« Heimatbewegung zwischen »Anarchismus und Vegetariertum, Anti-Atom-Bewegung und Landkommune, Teestube und Trödelladen« in den Blick. Mit Bezug auf die Frankfurter Ethnologin und Kulturanthropologin Ina-Maria Greverus (1929–2017) wurde postuliert, dass »Umweltschützer, Protest- und Alternativ-Gruppen« die »Suche nach Heimat« emotional binden würden.[14]

Die in der Folge von 1968 politisch erstarkte Neue Linke bemühte sich um die »Rückeroberung von Heimat«. Heimat wurde nicht mehr als vergangen, rückwärtsgewandt oder als rein bewahrend angesehen, sondern als Konzept, das aktiv in die Zukunft gerichtet war. So entstand ein »emanzipatorischer Heimatbegriff«, der auch Migrantinnen und Migranten (damals ›Gastarbeiter‹) in den Blick nahm.[15]

Die Arbeitergeschichtsforschung entdeckte das Arbeitermilieu als Heimat, allerdings nicht so sehr räumlich als viel eher emotional. Der Politikwissenschaftler Michael Vester (*1939) verdichtete dieses Gefühl im Titel seines Aufsatzes über die Arbeiterkultur: »Was dem Bürger sein Goethe, ist dem Arbeiter seine Solidarität«.[16] Auch in der Literatur wurde die proletarische Heimat als Gegenort zur bürgerlichen Heimat beschrieben, etwa in den Arbeiten von Max von der Grün (1926–2005).[17]

Auf besondere Weise wissenschaftlich fundiert wurde der Begriff ›Heimat‹ durch den Ansatz der »Geschichte von unten«, der in den 1970er Jahren von der skandinavischen Geschichtswerkstatt-Bewegung um Sven Lindqvist (1932–2019) entwickelt wurde. Sie animierte Menschen dazu, ihre persönliche Geschichte zu erforschen und so, unter dem Motto »Grabe, wo du stehst« (»Gräv där du står«), ihre eigene Heimat zu finden.[18] Unter den Schlagworten »erlebte Geschichte«, »mündliche Geschichte«, »Geschichte von unten« entstand ein neuer Zugang zu ›Kultur‹, die diese

›andere‹ Kultur im Sinne einer ›neuen‹ Volkskultur umfassen sollte.[19]

Programmatisch für eine ›in diesem Sinne moderne‹, kritische Regionalgeschichte anstelle der ›alten‹ Heimatgeschichte wurde der vom Historiker und Archivar Gert Zang (*1941) herausgegebene Band *Provinzialisierung einer Region.*[20] Dort finden sich Überlegungen zu einer »kritischen Regionalgeschichte« als »antizentralistische Perspektive« im Gegensatz zum historischen Blick allein auf die Zentren der Macht. Diesem Ansatz verpflichtet, setzten sich Autoren, Volkskundler und Soziologen mit der »Zukunft der Heimat« auseinander. Man sah »eine freie, humane Auffassung von Heimat [...] im Vordringen« und besetzte Heimat mit Hinweis auf Ernst Blochs Überlegungen positiv.[21] Der Wiener Volkskundler Helmut Paul Fielhauer (1937–1987) etwa reflektierte in seinem Text »Heimatmuseum anzünden?« über die Bedeutung von Heimatmuseen für die Gegenwart – und plädierte dafür, diese nicht anzuzünden, sondern im Sinne einer kritischen Heimat- und Regionalgeschichte neu auszurichten.[22]

Der Kärntner Autor Peter Turrini (*1944) verfasste mit Wilhelm Pevny (*1944) das Drehbuch zur *Alpensaga*, einem sechsteiligen Fernsehdrama, das von 1976 bis 1980 unter der Regie von Dieter Berner (*1944) verfilmt wurde und die Probleme der Landbevölkerung von 1900 bis 1945 behandelt.[23] Dabei brach der Film mit der klischeehaften Darstellung des Landlebens, wie sie im traditionellen Heimatfilm üblich war. Bereits 1979 hatte Turrini den kritiklosen und affirmativen Umgang mit der Volkskultur durch die österreichische Politik – auch durch die Sozialdemokratie, die sich sonst durchaus progressiv gab – beanstandet:

Warum treten sozialistische Politiker, die ihre Fortschrittlichkeit so oft behaupten, nie mit einem kritischen Liedermacher auf, der etwas über die heutige Wirklichkeit – auch in Kärnten – zu sagen oder zu singen weiß? Sie hätscheln und beweihräuchern alles, was nach Gamsbart aussieht, und verhalten sich distanziert, wenn wirkliche Alternativen auftauchen.[24]

Nahezu alle österreichischen Gegenwartsliteraten, wie etwa Thomas Bernhard (1931–1989), Peter Handke (*1942), Franz Innerhofer (1944–2002), Elfriede Jelinek (*1946), Werner Kofler (1947–2011) und Friederike Mayröcker (1924–2021), setzten sich mit Heimat auseinander, zum Teil auch in Form einer »Anti-Heimat-Literatur«. Bereits 1973 versammelte Alois Brandstetter (*1938) in einer Anthologie »Neue Heimatgeschichten«.[25] Zugleich wurde das Thema auch ironisch bearbeitet, wie etwa in den Arbeiten des steirischen Schriftstellers Reinhard P. Gruber (*1947).[26]

Auch filmisch wurde der Heimatbegriff satirisch inszeniert. Etwa im Kurzfilm *Untergang des Alpenlandes Part One* (1974), der vordergründige Klischees des klassischen Heimatfilms verfremdet und in einer Art ›tirolerischen Welterzählung‹ als Rahmenhandlung (angelehnt an die biblische Schöpfungsgeschichte nach Genesis) präsentiert.[27] Auch in der vierteiligen *Piefke-Saga*, die zwischen 1990 und 1993 entstand und für die Felix Mitterer (*1948) das Drehbuch verfasste, wurden gängige Klischees des traditionellen Heimatfilms und das mitunter angespannte Verhältnis zwischen den Heimischen und ›den Gästen‹, vorwiegend deutsche Touristen, ironisch bis sarkastisch behandelt.[28]

Heimat ist ebenso der Titel einer auch international erfolgreichen Film-Trilogie des Regisseurs und Autors Edgar Reitz (*1932).[29] Die drei Hauptorte des Geschehens sind fiktiv: die Dorfschmiede in der Gemeinde »Schabbach« im Hunsrück, die »Fuchsbau-Villa« in München-Schwabing und das sogenannte »Günderrodehaus« in Oberwesel in der Nähe des Loreley-Felsens. Dem Autor und Regisseur ging es um eine »unverfälschte« Chronik des »einfachen Lebens« im 20. Jahrhundert. 2012 drehte Reitz unter dem Titel *Die andere Heimat – Chronik einer Sehnsucht* einen mit der Heimat-Trilogie verwandten Film, der die Auswanderung vieler Hunsrücker nach Brasilien Mitte des 19. Jahrhunderts thematisiert und mit Preisen überhäuft wurde.[30]

In der DDR wies der Begriff ›Heimat‹ nur einen geringen Stellenwert in der Ideologie des Systems auf. Jedoch wurde der Begriff genutzt, um emotionale Bindungen an den Staat herzustellen, um dessen individuellen Gefühlswert auf den Staat zu übertragen.[31]

In den 1990er Jahren verschwanden die Begriffe ›Heimat‹ und ›Region‹ zunehmend aus dem Bewusstsein der Menschen – oder der entsprechende Diskurs driftete nach ›rechts‹ ab. Das »Europa der Regionen« wurde zu einem Narrativ der ›Rechten‹, und diese fassten damit ein Europa der »Vaterländer«: nationalistisch und durch verschiedene »kulturelle Werte« voneinander getrennt, nebeneinanderstehend.

Vor allem die Parteien des rechten Spektrums in Deutschland, Österreich und der Schweiz verwenden den Heimatbegriff zunehmend politisch. Sie proklamieren ein »Wir«-Gefühl, das einerseits unbestimmt bleibt, aber den

Wählern und Sympathisanten andererseits suggeriert, dass *sie* es seien, die einen Anspruch auf Heimat hätten.

In Österreich bezeichnet sich die Freiheitliche Partei Österreichs (FPÖ) in ihrem Logo als »[d]ie soziale Heimatpartei«. Im Parteiprogramm der Schweizerischen Volkspartei (SVP) von 2019 bis 2023 wird die Schweiz als »unsere Heimat« apostrophiert, die »im Kleinen: in der Familie, in der Nachbarschaft, im Quartier, im Dorf« beginne.[32] »Heimat« wachse »von unten«, sie sei »Vertrautheit« und »das, was wir vermissen, wenn wir auswärts sind«. Die »Schweiz ist Heimat für jeden, der sich zu den schweizerischen Werten bekennt und sie lebt«. Allen, die in die Schweiz zuwandern, werde eine »neue Heimat« geboten, wenn sie sich an diese anpassen würden, denn »wer sich nicht zu den schweizerischen Werten bekennen will, [ist] frei sich eine andere Heimat zu suchen«.

Auch die Alternative für Deutschland (AfD) verwendet den Heimatbegriff politisch.[33] So heißt es die AfD einerseits gut, wenn Menschen in ihrer neuen Heimat ein menschenwürdiges Leben führen können, andererseits aber fordert sie unmissverständlich, dass es für jeden Einwanderer eine unabdingbare Bringschuld gebe, sich zu integrieren: Die Zuwanderer müssen sich der neuen Heimat anpassen, nicht umgekehrt, um zum »Wir« dazugehören zu dürfen.[34]

Für Bloch war die »Beheimatung des Menschen«, die er als eine gesellschaftliche Praxis kollektiver Emanzipation verstand, immer auch von der Gefahr des Eskapismus, der Realitätsflucht begleitet. Insbesondere dann, wenn gesellschaftlichen Krisen- und Entfremdungserfahrungen, wie wir sie auch heute erleben, zwanghaftes Heimatbewahren entgegenstellt wird. Das ›rechte‹ Heimatbewusstsein verdeckt wirtschaftliche, soziale und kulturelle Umbrüche in der Gesellschaft.

Der politische Gebrauch des Begriffs ›Heimat‹ ist bis heute umstritten. Für dessen Analyse gilt, was der Politische Psychologe Helmut Moser (1941–2018) bereits 1995 festgehalten hat: »Heimat als Handlungsdeterminante und politisches Konstrukt wird sich nur anhand eines theoretischen und empirischen Verständnisses politischer Motivationen erfassen lassen.«[35] Daher ist für viele der Gebrauch des Begriffs überflüssig geworden. Augenzwinkernd und mit dem Philosophen Christoph Türcke (*1948) gesprochen, gibt es aber keinen vernünftigen Grund, das Wort »Heimat aus der deutschen Sprache zu tilgen«, »solange das Gefühl, das sich Heimweh nennt, bei kleinen und großen Kindern nicht ausstirbt«.[36]

Die hier angedeuteten Narrative von Heimat spielten sich in einem eher traditionellen Rahmen von Identitätsbildung sowie Orts- und Zeitbezogenheit ab. Heimat gilt es im Zeitalter der ›Nomadizität‹, der Mobilität und Flexibilität, angesichts des Verhältnisses des Globalen und des Lokalen, aber neu zu denken, und zwar auch und besonders im Sinne einer »virtuellen Heimat«.[37] Damit bleibt offen, ob des Juristen und Schriftstellers Bernhard Schlink (*1944) Diktum, das er an das Ende seines Essays zu *Heimat als Utopie* gestellt hat, im 21. Jahrhundert aufrechtbleiben kann: dass Orte der Geburt, Orte der Kindheit immer Orte bleiben werden, mit »denen sich Heimatgefühl, Heimaterinnerung und Heimatsehnsucht vor allem verbinden«.[38]

Wie sieht es im neuen Jahrtausend aus? Im Juni 1999 veröffentlichte *Der Spiegel* ein Spezialheft mit dem Titel

Sehnsucht nach Heimat.[39] Darin wurde unter anderem das Ergebnis einer Umfrage zum Thema »Womit verbinden Sie Heimat?« wiedergegeben. Dieser Umfrage zufolge verbanden 31 Prozent der Befragten mit Heimat den Wohnort, 27 Prozent ihren Geburtsort, 25 Prozent die Familie, 11 Prozent das Land (wohl Deutschland) sowie 6 Prozent Freunde. 2012, also dreizehn Jahre später, brachte das Magazin erneut ein Heft zur Thematik ›Heimat‹ heraus und stellte dort die Frage, »[w]ie sich das Heimatgefühl der Deutschen verändert hat«. Diesmal wurde keine umfassende Umfrage wiedergegeben, vielmehr baut der Beitrag auf Interviews mit zwölf Personen in sechs Orten Deutschlands auf. Ohne genauere Angabe, woher die Zahl stammt, wird aber erwähnt, dass »nur zwölf Prozent der Deutschen [...] in ihrem Vaterland zuerst die Heimat« sehen würden. Eine der Befragten, eine in Berlin lebende Studentin mit deutschem Pass und türkischstämmigen Eltern, gab als Ort der Heimat ihr Zimmer an, in dem, so im Beitrag wiedergegeben, zwei Bilder von Istanbul hängen. Neu als ›Heimat‹ hinzugekommen ist bei einigen der Befragten »das Netz« (Internet).[40]

Diese Umfragen zeigen eine interessante Disparität. Einerseits ist Heimat, wenn dieser Begriff für die Befragten überhaupt noch eine Rolle spielt, etwas höchst Persönliches, Individuelles, das sich im Lokalen, in der Familie abspielt, mit dem Geburtsort oder dem Wohnort verbunden ist.

Dem steht andererseits der fast inflationäre Gebrauch von Heimat durch Rechtsparteien gegenüber, die durch Verwendung dieses Begriffes ein »Wir«-Gefühl konstruieren wollen, mit dem sie sich etwa von Zugewanderten abheben. Den Begriff ›Heimat‹ beziehen sie dabei immer auf den Staat, der als »Heimat-« oder »Vaterland« apostrophiert wird.

Der Kulturanthropologe und Europäische Ethnologe Timo Heimerdinger (*1973) hat auf diese »handstreichartige Kollektivierung des Heimatkonzeptes« hingewiesen, in der er das größere Problem sieht, als im unklaren Begriff selbst.[41] Ein Heimatbegriff, der nicht abgrenzt, nicht ausgrenzt, sondern andere mit einschließt, würde, ob individuell oder kollektiv verstanden, hingegen zu einem »konfliktoffenen Ort«. Damit kann Heimat geteilt werden, und es wären mehrere »Heimaten« zugleich möglich.[42]

Vielheit als historische Normalität

Erst dann, wenn der Begriff ›Heimat‹ von seinen nationalen und ideologischen Konnotationen befreit ist, wird es uns möglich, die historischen Entwicklungen und Erfahrungen und die je eigene Lebensgeschichte neu zu sehen und zu bewerten.

Leben mit Vielheit ist keine Option, keine Möglichkeit unter vielen anderen, sondern eine historisch gewachsene Realität oder, wie der Schriftsteller, Publizist und Orientalist Navid Kermani (*1967) es auf den Punkt bringt:

> Dass Menschen gleichzeitig mit und in verschiedenen Kulturen, Loyalitäten, Identitäten und Sprachen leben können, scheint in Deutschland immer noch Staunen hervorzurufen – dabei ist es kulturgeschichtlich eher die Regel als die Ausnahme.[1]

Einige sozialhistorische Studien belegen, dass eine über mehrere Generationen hinausgehende Sesshaftigkeit nicht der Normalzustand war, sondern eher die Ausnahme bildete. Nur wenige Familien konnten in einer Gesellschaft, einer Stadt oder einer Provinz über mehrere Generationen am gleichen Ort leben.[2]

Dass sich vieles, was heute als national, lokal oder homogen wahrgenommen wird, bei genauerem Hinsehen als ein Ergebnis von Vermischung, als Teil vielschichtiger, miteinander verzahnter und geteilter Geschichten erweist, demonstrierte beispielsweise eine Ausstellung des Tiroler Volkskunstmuseums in Innsbruck im Jahr 2016, die unter dem Motto »Alles fremd – alles Tirol« stand. Kulturelle

Phänomene, die bisher als typisch ›tirolerisch‹ galten, wurden als Ergebnis unterschiedlicher kultureller Einflüsse erkennbar gemacht:

> Ob durch Handwerk, Handel oder Reisen: der Kontakt mit anderen Ländern prägt und verändert Menschen und ihre Kultur. Wissen wird angeeignet, Techniken übernommen, Äußeres nachgeahmt oder in die eigene Kultur übersetzt. Selbst regional verankerte, ortstypische Kultur hat deshalb eine überregionale, ja globale Dimension[3].

So hieß es im Einleitungstext des Begleitbands zur Ausstellung. Alles, was als tirolerisch oder heimisch wahrgenommen wird, besteht aus Hybridbildungen, ist also historisch gesehen ohne Einflüsse von außen nicht denkbar. Unterschiedliche kulturelle oder soziale Phänomene werden selektiv und situativ angeeignet, zu einem neuen Ganzen zusammengefügt und in die Alltagspraxis übersetzt. Aus dieser Verknüpfung und Übersetzung unterschiedlicher Ideen, Kulturen oder Traditionen entstehen hybride Welten, eigensinnige Biografien und vielfältige, vielschichtige Alltagspraktiken.

Für diesen Befund lassen sich zahlreiche weitere Beispiele finden. Etwa wird der Fado als typisch portugiesische Musik, als Ausdruck des Seelenzustands der Portugiesen verstanden. Historisch gesehen handelt es sich, wie bei allen Musikgenres, um ein hybrides Phänomen: Der Fado ist eine Vermischung von afrikanischen, brasilianischen und iberischen Musikstilen. Ähnliches gilt für den Flamenco, der eigentlich eine Erfindung zur Unterhaltung von

Touristen im 18. und 19. Jahrhundert ist. Auch die Black Music mit Blues, Jazz, Rock, Reggae und Hip-Hop stellt ein Geflecht dar, das auf unterschiedliche Einflüsse zurückzuführen ist – am Rand der Gesellschaft entstanden – entwickelte sie sich zu weltweit bekannten Musikrichtungen.

Auch Städte können einen solchen Mischcharakter entwickeln: Alexandria ist Kreuzungspunkt vieler Handelswege, die Asien, Europa und Afrika verbinden, beherbergte griechische Philosophen, jüdische Gelehrte und indische Yogis.[4]

Das Alphabet, dessen sich unter anderem auch die deutsche Sprache bedient, ist lateinisch, deutsche Philosophen bezogen ihre Ideen aus dem alten Griechenland, das deutsche Recht ist römischen Ursprungs; die Oper stammt aus Italien und das Rad, sagt man, wurde in China (wie auch der Buchdruck mit beweglichen Lettern), das Papier in Ägypten erfunden.

Auch im Bereich der Kulinarik wird kulturelle Hybridität durchwegs sichtbar: Wer etwa denkt, dass das ›original‹ indische Essen aus Indien stamme, irrt: Wer ›original‹ indisch essen möchte, sollte nach London gehen, denn die indische Esskultur, die wir zu kennen glauben, entstand dort und wurde später nach Indien exportiert. Das indische Restaurant ist daher eine Erfindung der in London lebenden Menschen aus Indien. Ein griechisches Gyros war bis vor kurzer Zeit in Griechenland nicht zu finden (doch wurde vor allem wegen deutscher Touristen die Speise sozusagen rückimportiert). Zucker aus der Karibik und indischer Tee veränderten die Gewohnheiten der britischen Bevölkerung grundsätzlich. Heutzutage gilt die Teekultur als Ausdruck englischer Lebensweise. Auch mit der Kaffeekultur, die ein Bestandteil unseres Alltags geworden ist, sieht es nicht anders aus (das erste Kaffeehaus wurde in Wien 1685 und damit zwei Jahre nach der Belagerung durch die Türken eröffnet). Darüber hinaus kommen etwa die typisch ›italienischen‹ Spagetti aus Lateinamerika (oder war es doch China?), und die deutschen Kartoffeln wurden aus Südamerika eingeführt.

Auch war es beispielsweise zu Beginn der 1980er Jahre in der Gastronomie – außer in Biergärten – in den meisten mitteleuropäischen Städten nicht üblich, im Freien zu sitzen. Die Open-Air-Kultur war unbekannt. Als Erste begannen Italiener oder andere zugewanderte Gruppen damit, die Stühle ihrer Eiscafés oder Kneipen auf die Straße zu stellen, so wie man es aus dem mediterranen Raum kennt. In der Literatur wird dies als »Mediterranisierung der Städte« bezeichnet. Spaziert man heute durch die Straßen von Wien, Köln oder Berlin, kommt man kaum an einem Café oder Restaurant vorbei, in dem die Gäste nicht im Freien Platz nehmen können. Heute nimmt man die Open-Air-Kultur als ›einheimische Kultur‹ wahr, weil sie längst zum alltäglichen Leben gehört. Kurz: Kulturelle Praktiken und Gewohnheiten, die von außen kommen und in die eigene Alltagspraxis übersetzt werden, werden mit der Zeit verinnerlicht und irgendwann nicht mehr als ›fremd‹ wahrgenommen.

Das, was wir gemeinhin als untrügliche, typische Zeichen einer bestimmten Kultur ansehen, stellt sich oft als übernommen heraus: Wir haben uns getäuscht. Die Beispiele für die ›fremde Herkunft‹ vertrauter Dinge demonstrieren, dass uns in der globalisierten Welt immer bewusster wird, wie vielheitlich, vielschichtig und hybrid historische

Erfahrungen waren und wie sehr sie von unterschiedlichen, auch völlig zufälligen Gegebenheiten beeinflusst worden sind. Oder andersherum ausgedrückt: Gesellschaften oder kulturelle Phänomene können nicht homogen, monolithisch oder autark sein, sondern sie nehmen im Laufe der Zeit unterschiedliche Elemente in sich auf, die aus unterschiedlichen Gebieten der Welt stammen: Sie entstehen und formen sich aus dem Zusammenwirken von verschiedensten Ideen und Gedanken, von kulturellen oder religiösen Orientierungen, von fremden Werten, Normen und Techniken, oder, wie der Literaturtheoretiker und Kritiker Edward Said (1935–2003) notiert:

> Kultur ist eben keine Angelegenheit von Eigentum und von Entlehnung mit absoluten Schuldnern und Gläubigern, sondern ein Wechselspiel von Aneignungen, Erfahrungen und Abhängigkeiten. Das ist eine universale Regel.[5]

Die Begriffe ›sesshafte Mobilität‹ oder ›mobile Sesshaftigkeit‹ bringen unsere gegenwärtige gesellschaftliche Situation wohl am treffendsten zum Ausdruck. Vor allem Städte haben immer schon von Mobilitäts- und Migrationsbewegungen profitiert. Menschen, die ›von außen‹ kommen, bringen neue Lebensweisen und Ideen mit und liefern wesentliche Impulse für das Zusammenleben vor Ort.

Ein Beispiel soll verdeutlichen, wie radikal sich eine tradierte Sicht der Dinge ändern kann, wenn es aus pragmatischen Gründen erforderlich ist: Die Kölner Bewerbung um den Titel »Kulturhauptstadt Europas 2010« im Jahr 2004 stand unter dem für Außenstehende rätselhaften

Motto »Wir leben das«. Gemeint war die lebenspraktische Relevanz migrations- und mobilitätsbedingter Vielheit für das urbane Zusammenleben und deren Selbstverständlichkeit im Kölner Alltag. In der Bewerbung präsentierte sich die Stadt als weltoffen, mehrsprachig, multireligiös und transnational. Für das Bewerbungsverfahren wurde die Stadtgeschichte zu einer Migrations- und Mobilitätsgeschichte umgedeutet. Köln wurde damit zu einem transkulturellen Ort. Zugleich wurde der urbane Raum für Menschen zu einem Feld neuer Handlungs- und Erfahrungsräume.

Gleichzeitig änderte sich auch der mediale Umgang mit Migration und Mobilität: Die lokalen Medien gingen dazu über, täglich kulturelle Vielheit zu entdecken und zu präsentieren. Die Stadt Köln wurde im Zuge der Umdeutung insgesamt als besonderer Möglichkeitsraum, als Lernort in Sachen Migration, Mobilität und Vielheit dargestellt und dessen Entwicklung als Erfolgsgeschichte stilisiert: Migration und Mobilität, die die Städte am Leben und in Bewegung halten, die neue Handlungs- und Denkhorizonte eröffnen, die zu chancenreichen Prozessen anregen, die Innovation, Reflexion und ein neues Bewusstsein hervorbringen: Das wäre doch eine alternative Sichtweise.

Lesen wir historische Entwicklungen aus dieser Perspektive, kann es keine kulturellen oder individuellen Authentizitäten geben, weil alles, was uns tagtäglich begegnet, als transkulturelles und grenzüberschreitendes Phänomen verstanden werden muss. Und lenken wir die Aufmerksamkeit darauf, was in nationalen Erzählungen bisher ausgelassen oder verdrängt wurde, erscheint vieles in einem neuen Licht, werden mehrdeutige, mehrheimische, transkulturelle und translokale Verschränkungen sichtbar.

Was bedeutet das? Viele Menschen und Familien entwerfen und gestalten ihr Leben transkulturell und transnational. Auf diese Weise ergeben sich völlig neue Beheimatungsprozesse, die für Menschen vor Ort bedeutsam sind oder sein können. So wird ›Heimat‹ zu einem relationalen Begriff, zu einem Beziehungsgeflecht bzw. Beziehungsmodus. »Heimat kann ein Sich-in-Beziehung-setzen meinen, schafft Verbindungen oder ein Verbindungsgeflecht«[6], so die Kunstgeschichtlerin Burcu Dogramaci (*1971).

Die Alpen-Adria-Region als transkultureller Raum

Der nationale Blick errichtet Grenzen und Barrieren, der kosmopolitische Blick dagegen überwindet Grenzen, schafft Verbindungen und eröffnet riesige Wahrnehmungs- und Denkhorizonte. In der Gegenwart sehen wir uns zunehmend mit kosmopolitisierten Handlungsräumen und Lebenserfahrungen konfrontiert, die das Zusammenleben in allen Regionen der Welt prägen, wenn auch auf unterschiedliche Art und Weise und in unterschiedlicher Intensität.

Dieses Phänomen möchten wir exemplarisch anhand der Alpen-Adria-Region zeigen, einer Region, die je nach Perspektive unterschiedliche Länder bzw. Gebiete umfassen kann: Österreich, Slowenien, Italien, ja sogar einen Teil von Kroatien (manchmal wird auch Bayern zu der Region dazugezählt).

Für diese Region waren und sind grenzüberschreitende Verbindungen, kulturelle Vielheit und Mehrsprachigkeit charakteristisch: Sie haben die Lebenswirklichkeiten und Orientierungen von Menschen vor Ort seit undenklichen Zeiten geprägt und prägen sie auch heute noch. Unter anderem im künstlerischen Schaffen und in der kulinarischen Vielheit, bei Wanderungen im Dreiländereck sowie bei Musik-, Literatur- und Kulturveranstaltungen zeigen sich historisch gewachsene Erfahrungen, Bindungen und Verbindungen, wird eine Art Kosmopolitisierung von unten erkennbar. Im Alltag zeigt sich diese Kosmopolitisierung in der Sprachenvielfalt, in der unterschiedlichen Herkunft und der hohen Mobilität der Menschen. Dementsprechend leicht lassen sich Beispiele finden, an denen deutlich wird, wie mehrheimische Bezüge die einzelnen Lebensentwürfe prägen.[1]

»Für mich ist Heimat überall«

Francesco wurde 1964 in Slowenien, damals noch eine Teilrepublik von Jugoslawien, geboren und wuchs in Ljubljana auf. Seine Mutter ist Tschechin, sein Vater Italiener. Die Großeltern mütterlicherseits sind aus Tschechien nach Ljubljana ausgewandert und haben dort mit böhmischem Kristall gehandelt. Kurz vor dem Ausbruch des Jugoslawienkrieges verliebte Francesco sich in eine Krankenschwester aus Ljubljana, die bald darauf aus beruflichen Gründen nach Österreich übersiedelte. Auch er entschied sich im Jahr 1993, nach Österreich auszuwandern. Seitdem lebt er in Kärnten. Für Francesco ist der Alpen-Adria-Raum vergleichbar mit dem italienischen Nudelgericht ›Pasta Mare e Monti‹ (Pasta mit Garnelen und Pilzen) – Mare, das Meer, und Monti, die Berge. »Für mich ist Heimat überall. Dort, wo ich gerade bin, unabhängig von Land, Stadt oder Sprache«, so Francesco.

»Das Leben ist meine Heimat«

Jozo wurde 1979 in der damaligen jugoslawischen Teilrepublik Slowenien geboren, wo er, zwischen mehreren Grenzen und Sprachen, seine frühe Kindheit verbrachte. Die deutsche Sprache hat er in der Schule gelernt. Im Laufe seines bisherigen Lebens hat er schon in mehreren Staaten gewohnt. Das Studium absolvierte er in Ljubljana, wo er über ein Jahrzehnt lebte. Aus beruflichen Gründen kam er 2011 nach Kärnten. Mit dem südlichsten österreichischen Bundesland verbindet ihn ein Teil seiner Verwandtschaft: Sein Großvater hatte bis 1920 dort gelebt und war dann nach Jugoslawien ausgewandert; ein Teil der Familie verblieb in Kärnten. Jozo hat viele Bekannte und Verwandte in Italien und Kroatien. Er weiß nicht, wie lange er noch in Kärnten bleiben wird. »Das Leben ist meine Heimat«, so Jozo.

»Ich liebe es, viele Sprachen zu sprechen«

Eine Schülerin aus Kärnten erzählt: »Ich bin schon sehr viel herumgekommen. Als ich zwei Jahre alt war, verließ ich mit meiner Familie Aserbaidschan und kam nach Polen. Aserbaidschan war damals im Krieg mit Armenien. Meine Oma war Armenierin, und so entschieden wir uns, gemeinsam mit ihr das Land zu verlassen. Ein Teil der Familie lebt noch dort, aber wir dürfen nicht mehr einreisen. Nachdem wir eine Zeit lang in Polen waren, lebten wir in Tschechien. Leider mussten wir auch dieses Land wieder verlassen, da meine Eltern dort nicht arbeiten konnten. Als ich neun Jahre alt war, sind wir nach Kärnten gekommen. Nach etwa zwei bis drei Monaten habe ich die deutsche Sprache gelernt. Ich liebe es, viele Sprachen zu sprechen. Ich kann Aserbaidschanisch durch meinen Vater, Türkisch, Englisch, Deutsch, Russisch und ein wenig Tschechisch.«[2]

Die Beispiele demonstrieren, wie verwoben persönliche und Familiengeschichten sein können. Unter diesem Vorzeichen scheint die lineare Denkweise mit ihrer kategorialen Trennung in Herkunfts- und Ankunftsorte, in Herkunfts- und Aufnahmekulturen fragwürdig zu sein. Sie weicht der Einsicht in das Arrangement diverser, miteinander verbundener vielschichtiger Erfahrungen, familiärer Bezüge und Ereignisse.

Zentral sind dabei grenzüberschreitende, translokale mehrheimische Familien – und damit Biografien von Menschen, die im nationalen Diskurs eher als ›Problemfall‹ oder als ›Identitätsdefekt‹ behandelt werden. Die realen Entwicklungen zeigen aber, dass das Leben nicht (mehr) im nationalen Rahmen verortet werden kann. Anhand der Rekonstruktion der Biografien wird deutlich, wie sich die räumlichen Bezüge mit Mobilität und individueller Neuorientierung verändert haben und in Bewegung geraten sind. Die unterschiedlichen persönlichen und familiären Bindungen, Arbeitsbeziehungen und Freundschaften sowie Phänomene wie Mehrsprachigkeit, Transkulturalität und Translokalität lassen die Verbindungen der Menschen deutlich hervortreten.

Einerseits steht der Alpen-Adria-Raum also für gelebte mehrheimische Alltagspraxis und wirkt wie eine real gewordene Utopie, wie eine reale, aber doch imaginäre Landschaft, die sich je nach Kontext verändert. Andererseits werden jedoch Nationalismen, Rassismen und Fundamentalismen wiederbelebt, die die Wahrnehmungsmauer im Kopf neu zementieren. In den letzten Jahren beobachten wir also sowohl Denationalisierungsprozesse als auch die gegenläufige Neu-Inszenierung nationaler und ethnischer Selbstbilder, die die weltweite Öffnung durch eine neue Thematisierung des Nationalen konterkariert.

Migration macht mehrheimisch

Der Umstand, dass Migration und Mobilität wichtige Faktoren dafür sind, gesellschaftliche Entwicklungen zu beeinflussen und voranzutreiben, wird in der gegenwärtigen öffentlichen Diskussion kaum zur Kenntnis genommen. Dabei klingt die Behauptung, dass Wanderbewegungen zur menschlichen Natur gehören, fast trivial. Mobilität in Form von Migration stellt den historischen Normalfall dar. Da Migration so alt ist wie die Menschheit selbst, kann die Weltgeschichte auch als Geschichte von Wanderungen gelesen werden. Nach wie vor sind weltweit Migrations- und Mobilitätsbewegungen normal.

Entsprechend den Angaben des UNHCR waren Ende 2018 etwa 70 Millionen Kinder, Frauen und Männer auf der Flucht. Mehr als 80 Prozent der geflüchteten Menschen befinden sich in ihren unmittelbaren Nachbarländern und kommen nicht nach Europa.[1] Die ›Flüchtlingskrise‹, von der in den letzten Jahren in Europa die Rede ist, vermittelt allerdings den Eindruck, dass Flucht und Vertreibung in den Mitgliedsstaaten der Europäischen Union ein völlig neues Phänomen sei. Es wird kaum zur Kenntnis genommen, dass vor und nach dem Ersten Weltkrieg in Europa Millionen Menschen zur Auswanderung und Flucht gezwungen wurden. Größere Fluchtbewegungen folgten auch in den 1930er Jahren und nach dem Zweiten Weltkrieg. Wie die US-amerikanische Soziologin Saskia Sassen (*1947) vor zwei Jahrzehnten treffend bemerkt hat, scheinen die aktuellen Debatten über die Vergangenheit ein »Diskurs der Auslassung«[2] zu sein. Ähnlich argumentiert der Historiker Andreas Kossert (*1970) in seiner aktuellen

Studie.[3] Er hat den Versuch unternommen, die Geschichte nicht nur aus der Perspektive von Sesshaften und damit Privilegierten zu schreiben, sondern aus dem Blickwinkel der Geflüchteten, Marginalisierten.

Statt diese als gesichtslose Masse darzustellen oder sie auf eine Opferrolle oder Problembilder zu reduzieren, wie dies in der medialen Berichterstattung regelmäßig geschieht, erscheint es uns angemessen und wichtig, geflüchtete Menschen als handelnde Personen, als Experten ihrer Lebenspraxis zu betrachten. Ihre Erfahrungen, Erlebnisse, Überlebenskompetenzen und die alltägliche Auseinandersetzung mit Gewalt, Diskriminierung und Stigmatisierung sollten in die öffentliche Debatte einbezogen werden. Die nachfolgende Fluchtbiografie eines Jugendlichen zeigt exemplarisch, wie der Betreffende sich selbst und seinen Lebensentwurf versteht, wie er sich mit schwierigen Lebensbedingungen vor Ort auseinandersetzt und versucht, Möglichkeitsräume für sich zu finden, Zukunftsperspektiven zu entwickeln.

Abbas – Fluchtbiografie als Habitus der Überlebenskompetenz

Abbas ist in Syrien, an der Grenze zu Irak, geboren und aufgewachsen. 2015 flüchtete er im Alter von 17 Jahren aus Syrien. Seine Mutter hatte ihn zu dieser Flucht motiviert und ihn dabei unterstützt.

Zwei Aspekte stehen während des Interviews im Mittelpunkt: Die Flucht aus Syrien, die seine Biografie wesentlich geprägt hat und seine Diskriminierungserfahrungen in Deutschland.

Zunächst flüchtete er in die Türkei, wo er sich etwa zwei Wochen aufhielt, im Anschluss wurde er zusammen mit anderen Syrern auf einem Boot nach Griechenland gebracht. Die Weiterreise nach Italien war schwierig. Etwa drei Monate lebte er illegal in Griechenland. Einmal wurde er in Saloniki von der Polizei tagelang ins Gefängnis gesperrt. Danach konnte er durch Zufall mit ein paar anderen Syrern, in einem LKW versteckt, nach Italien gelangen: »Das waren drei Monate, das war eine harte Arbeit, weil es nicht normal ist, dass man ohne Pass in ein anderes Land fährt. Ja, das ist nicht einfach, und am Ende habe ich das geschafft.«

Von Bari aus fuhr er nach Rom, wo er nur ein paar Tage verbrachte. In manchen Kirchen konnte er kostenlos essen und duschen. Da er ein Hotel nicht mehr bezahlen konnte, musste er die Nächte im Park verbringen. Dann fuhr er zur französischen Grenze, zu einer Stadt, an deren Namen er sich nicht mehr erinnern kann, und schlug sich über die Berge zu Fuß nach Frankreich durch. In einer französischen Stadt, deren Namen er ebenfalls vergessen hat, kaufte er sich ein Ticket nach Paris, von dort aus gelangte er nach Hamburg und schließlich nach Köln.

Zuerst wies man ihm einen Platz in einem Übergangswohnheim zu, nach zwei Wochen in einem Asylbewerberwohnheim, wo er ein Jahr lang wohnte. Während dieser Zeit bekam er einen Flüchtlingspass, der in seiner Biografie einen positiven Wendepunkt bedeutete. Zum ersten Mal nach seiner Flucht verfügte er über Dokumente. Der Pass eröffnete ihm neue Möglichkeiten. Bis dahin war er gezwungen, illegale, meist sehr harte Arbeiten zu verrichten, für die er nur einen Euro pro Stunde bekam.

Seit er einen Pass besaß, konnte er an Sprachkursen teilnehmen und seine Deutschkenntnisse verbessern. Anschließend bekam er über eine Leihfirma eine Arbeit. Nach einem Jahr wurde ihm jedoch gekündigt, da kein Bedarf mehr für seine Arbeitskraft bestand. Da er nur eine Grundschule besucht und keine abgeschlossene Berufsausbildung hat, ist es für ihn kaum möglich, auf dem freien Markt eine angemessene Arbeitsstelle zu finden.

Sein Leben in Köln fasst er mit dem Satz zusammen: »Ich bin hierhergekommen, um unglücklich zu werden«. Einerseits ist er froh, dass er aus Syrien flüchten konnte und jetzt in Köln leben kann, andererseits findet er jedoch keine Arbeit, weil er keine Ausbildung hat; und sollte er doch eine Stelle finden, wird er schlecht bezahlt. Für eine Ausbildung reichen seine Deutschkenntnisse nicht aus.

»Ich habe noch nicht ein solches Leben gelebt«, erklärt er, »ich sage nicht, Deutschland ist schlecht. Aber ich finde, vielleicht für mich schlecht, weil für mich ist es hart, ich bin nicht hier geboren, viele sagen, bist noch jung, kannst du noch lernen, aber ich habe viele Male probiert, ist ziemlich hart. Aber ich hoffe, meinem Land geht es gut, ich gehe rüber, hoffe ich.«

Im Nachhinein bereut er, dass er seiner Mutter zuliebe nach Deutschland und nicht nach Kanada ausgewandert ist, wie ursprünglich geplant. Abbas glaubt, dass in anderen europäischen Ländern die Lebensbedingungen für Flüchtlinge besser sind: »Wenn man Glück hat, trifft man ein gutes Land«. Er hat eine Tante in Schweden und einen Onkel in den USA und hofft, irgendwann auswandern zu können.

Seine bisherigen Bemühungen, sich in Köln neu zu orientieren und seine Lebensziele zu verwirklichen, scheiterten wegen der riskanten und prekären Bedingungen, unter denen Abbas sein Leben fristet. Seine bisher erworbenen Kompetenzen sind für ihn hier nutzlos, weil sie entweder kaum zur Kenntnis genommen oder als Mangel abgewertet werden.

Obwohl Abbas seine aktuelle Situation als aussichtslos betrachtet, gibt er seine biografischen Ziele nicht auf, hofft, sie vielleicht in anderen Ländern realisieren zu können. Dass Abbas unter riskanten Bedingungen eine lebenswerte Biografie zu entwerfen und sich immer wieder neu zu orientieren versucht, macht ihn zu einem der vielen unbekannten Protagonisten des Wandels in den globalisierten Gesellschaften von heute.

Gerade im europäischen Raum fanden in nahezu jeder historischen Phase aus unterschiedlichen Motiven große Bevölkerungsbewegungen statt. Zählt man die Binnenmigration dazu, ist ein Großteil der Menschen im europäischen Raum mit Migrationserfahrungen konfrontiert. Zumindest aber ist Migrationserfahrung Teil der allermeisten Familiengeschichten. Jeder, der selbst anhand des eigenen Stammbaums auch nur oberflächlich nachforscht, findet mit an Sicherheit grenzender Wahrscheinlichkeit Vorfahren, die von weit her gekommen oder an entfernte Orte gezogen sind.

Parallel zum Anstieg der Binnenmigration und der transnationalen Migration innerhalb Europas vollzog sich im 19. Jahrhundert eine Wanderungsbewegung, die in der europäischen Geschichte beispiellos war und den Kontinent tiefgreifend und nachhaltig geprägt hat: die Auswanderung nach Übersee. Die wichtigsten Ziele der interkontinentalen Auswanderung lagen in Nordamerika, und hier, mit großem Abstand vor Kanada, vor allem in den Vereinigten Staaten. Seit den 1860er Jahren gesellten sich Australien und Neuseeland sowie seit den 1870er Jahren auch südamerikanische Länder dazu. Mehr als 60 Millionen Menschen wanderten aus Europa aus, um sich in Übersee eine neue Existenz aufzubauen. Sogar Donald Trump hat ›deutsche Wurzeln‹. Die Gründe für die Auswanderung waren vor allem ökonomischer Natur – in den Ankunftsländern erhofften sich die Menschen bessere Perspektiven.

Die Zuwanderung nach Europa nach dem Zweiten Weltkrieg veränderte die europäischen Gesellschaften entscheidend. Migriert sind damals vor allem Menschen, die in den 1950er und 1960er Jahren als sogenannte Gastarbeiterinnen und Gastarbeiter für bestimmte Berufssegmente in Deutschland oder Österreich angeworben wurden. Trotz der widrigen Umstände, mit denen sie sich damals konfrontiert sahen, versuchten sie, sich vor Ort neu zu orientieren, neue soziale Bezüge in den Aufnahmegesellschaften herzustellen und dabei ihre geografischen, biografischen und familiären Verbindungen zu ihren Herkunftsorten zu nutzen.

Die sozialen Bezüge und Verbindungen der ersten Generation zu den Herkunftsorten wurden in der damaligen Zeit fast automatisch als desintegrativ und problematisch wahrgenommen und abgewertet, obwohl sie für die betreffenden Menschen sowohl entscheidende reale als auch symbolische Bedeutung hatten und eine soziale Praxis darstellten. Stadtteilinitiativen, Elternvereine oder Hinterhofmoscheen sind entsprechend als Versuch zu verstehen, sich unter schwierigen Lebensbedingungen einzurichten, neue

Kontakte zu knüpfen und Strukturen zu schaffen: eine soziale Praxis, eine Erfolgsgeschichte, die bisher als solche kaum anerkannt und gewürdigt wurde.

Ganz im Gegenteil: Im Laufe der Zeit wurden Begriffe wie ›Ghetto‹, ›ethnische Kolonie‹ oder ›Parallelgesellschaft‹ eingebracht, um die mobile und mehrheimische Lebensweise der damaligen Gastarbeiterinnen und Gastarbeiter zu bewerten. Die Denkhaltung, die sich in solchen Begriffen zeigt, beruht auf einem spezifischen und im Migrationskontext vorherrschenden Verständnis: Gesellschaften, Städte, Kulturen werden idealtypisch als nationale und homogene Einheit gedacht. Mehr oder weniger explizit wird dabei scharf zwischen zugewanderten Herkunftskulturen und einheimischer Mehrheitskultur getrennt.

Nicht zufällig war die Migrationsforschung von Anfang an eine Ausländer- bzw. Fremdheitsforschung. Nicht Mobilität oder grenzüberschreitende Phänomene standen im Mittelpunkt, sondern Integrationsleistungen, die von eingewanderten Menschen und deren Nachkommen verlangt wurden, um sich in die Aufnahmegesellschaft einzuordnen. Gefordert wurde ein eindeutiges Bekenntnis zur nationalen ›Mehrheitskultur‹. Integration bedeutete mit anderen Worten, sich von Migrations- und Herkunftskontexten völlig zu befreien und auf die gesellschaftlichen Begebenheiten vor Ort zu beschränken, also »Voll-Deutsche« zu werden, ein Begriff, der im Jahr 1979 in einer Studie über die Situation der zweiten Generation in Deutschland verwendet wurde.[4] Die Aussage des Schriftstellers Max Frisch (1911–1991): »Wir riefen Arbeitskräfte und es kamen Menschen« (1965), bringt den damaligen Zeitgeist genau auf den Punkt.

Angesichts ihrer prekären Existenzbedingungen und der öffentlichen Abwertung ihrer Lebensweise blieb der Gastarbeitergeneration dabei gar nichts anderes übrig, als über lokale Beschränkungen hinaus neue, eigene Orientierungen zu finden. Die Bahnhöfe, an denen man sich in den 1960er Jahren in der Hoffnung traf, Neuankömmlingen aus den eigenen Herkunftsorten zu begegnen, Nachrichten von Familie und Nachbarschaft zu erhalten und auszutauschen, wandelten sich zu Schnittpunkten transnationaler Begegnungen. Es entwickelten sich neue Formen der Mobilität, etablierten sich neue Infrastrukturen und informelle Netzwerke, die den Nachzug weiterer Menschen erleichterten. Die neuen Mobilitäts- und Kommunikationsräume haben die Aufrechterhaltung, Forcierung und Veralltäglichung der Beziehungen zu den Herkunftsorten erleichtert. So sind mit der Zeit neue Netzwerke von Familien, Freunden und Bekannten entstanden, eine Kosmopolitisierung von unten. Solche Mobilitätsgeschichten werden von den Nachfolgegenerationen neu erzählt und mit familiären Erfahrungen und Visionen verknüpft.

In den 1970er Jahren bezogen vor allem die gewerbetreibenden Gastarbeiterinnen und Gastarbeiter mit ihren wohnortnahen Geschäften Ladenzeilen in Stadtvierteln, die im Zuge weltweiter ökonomischer Umstrukturierungsprozesse von einheimischen Gewerbetreibenden verlassen worden waren. Sie brachten damit wieder Leben in die Straßen und auf die Bürgersteige und trugen entscheidend zur Sanierung und Modernisierung heruntergekommener urbaner Räume bei. Kioske, Speiselokale und Lebensmittelläden wurden dabei zur Haupterwerbsquelle und prägten nach und nach viele Stadtteile und Straßenzüge, so dass das Leben mancherorts inzwischen ein ›mediterran-orientalisches Flair‹ bekam.

Vor allem in den Städten wird diese *mehrheimische Alltagspraxis* in Form von sich mehrfach überlagernden und überkreuzenden sozialen und kulturellen Erfahrungen sichtbar. Sie belegen, wie Menschen grenzüberschreitende ökonomische, soziale und kulturelle Netzwerke für sich nutzen, neu definieren und zu neuen Strukturen, Kommunikationsformen und Lebensentwürfen verbinden.

Diese Lesart migrationsbedingter Entwicklungen ermöglicht es, neue Geschichten zu erzählen und andere Lebenspraktiken sichtbar zu machen, die in nationalen Erzählungen ansonsten kaum vorkommen. Die folgenden biografischen Fallbeispiele, die aus unterschiedlichen Forschungszusammenhängen stammen, stehen für die Gestaltung mehrheimischer Alltagspraktiken.

Transnationales Sozialkapital: Familie Kaya, eine typische Kölner Familie?

Familie Kaya lebt seit zehn Jahren im Kölner Stadtteil Nippes und betreibt eine türkische Konditorei, direkt am Marktplatz des ›Veedels‹ (Stadtviertels). Herr Kaya war als 18-Jähriger aus der Südtürkei in die Schweiz ausgewandert, hatte seine jetzige Frau im französischen Straßburg kennengelernt und war dorthin gezogen. Frau Kaya, Tochter einer Gastarbeiterfamilie aus der Türkei, ist in Straßburg geboren und aufgewachsen. Vor 15 Jahren kam die Familie mit ihren Kindern auf Empfehlung von Verwandten nach Köln, wo zu dieser Zeit gerade ein Geschäftslokal in lukrativer Lage an einem belebten Marktplatz leer stand. Weil Herr Kaya in der Türkei eine Ausbildung zum Konditor abgeschlossen hatte, beschloss die Familie, eine Konditorei zu eröffnen. Nicht nur türkische, auch französische Rezepte wurden für ihre Backwaren und Desserts ›übernommen‹.

Alle Familienmitglieder besitzen die französische Staatsbürgerschaft. Sie bekommen häufig Besuch aus Frankreich, von ehemaligen Nachbarn und Freunden, aber auch aus England und den Niederlanden, wo weitere Teile der Familie leben. In ihrem Geschäft werden daher unterschiedliche Sprachen gesprochen: Französisch, Deutsch, Türkisch, Niederländisch, Englisch. Auch die Verbindungen zu Verwandten und Bekannten in der Türkei werden aufrechterhalten und weiter gepflegt. Diese sowohl weltweiten als auch lokalen familiären und nachbarschaftlichen Bezüge und Netzwerke machen das mehrheimische Leben dieser Familie in Köln aus.

Transnationale Verortung

Fawzy stammt ursprünglich aus Ägypten und besitzt seit 30 Jahren einen kleinen Delikatessenladen in Graz. Wie er im Gespräch betont, fliegt er jedes Jahr für zwei bis drei Wochen nach Ägypten »auf Urlaub«, besucht dort Bekannte und Verwandte. Er erzählt gern von Italien, wo er als junger Mann – nach seinem Studium der Agrarwissenschaften in Kairo – zehn Monate verbrachte, er schwärmt von der italienischen Sprache. In Verona arbeitete er in einem Supermarkt, der Arbeitgeber habe sich aber geweigert, ihn offiziell als Arbeitnehmer anzumelden. Also zog

Fawzy weiter nach Österreich, wo er seine Frau kennenlernte und Anstellungen unter anderem in einem Wiener Chemielabor, einer Gärtnerei und einer Konditorei fand. Zusammen mit seiner Frau zog er für die Dauer eines Jahres wieder nach Ägypten, wo er als Agraringenieur arbeitete, kehrte danach aber nach Österreich zurück.

Hier beschloss er – inspiriert vom Wiener Naschmarkt und getrieben vom Wunsch nach einer beständigen Einkommensquelle –, mit einem kleinen Lebensmittelgeschäft den Schritt in die Selbstständigkeit zu wagen. Bei einem seiner Besuche in der steirischen Landeshauptstadt stieß er auf ein leerstehendes Geschäftslokal. Aufgrund der zentralen Lage in der Jakoministraße und des dennoch vergleichsweise niedrigen Mietpreises nutzte er die Gunst der Stunde und eröffnete im Jahr 1987 ein kleines orientalisches Delikatessengeschäft.

Von Kaffee über orientalische Gewürze bis hin zu Kartoffelpüree bietet Fawzy dort eine breite Auswahl an Lebensmitteln an. Das Herzstück des Ladens bildet allerdings eine Glasvitrine, in welcher verschiedenste, von ihm selbst zubereitete ›orientalische‹ Speisen angeboten werden, darunter auch Süßspeisen wie Baklava, Grießkuchen, Kadayif und gefüllte Datteln. Auf sein Baklava, das ihm auch von diversen Grazer Cafés abgenommen wird, ist er besonders stolz. »Baklava ist türkisch, griechisch, bosnisch, arabisch – das gibt es überall«, erklärt er, »aber ich mache *richtiges* Baklava, *Fawzys Baklava.*«

In Beispielen wie diesen, die für viele Biografien von zugewanderten Menschen in globalisierten Gesellschaften stehen, zeigen sich Potenziale von (transnationalen) Verbindungen und Lebenskonstruktionen, die durch Migrationsbewegungen entstanden sind und die für gesellschaftliche Ankommensprozesse vor Ort genutzt werden. Die Menschen, von denen hier die Rede ist, haben ihre eigenen transnationalen Möglichkeits- und Erfahrungsräume geschaffen. Eigene Vorstellungen von Familie, Heimat, Kultur, Herkunft oder Tradition werden von ihnen vor Ort neu übersetzt und in den aktuellen Lebensalltag transformiert. Auf diese Weise erhalten die Konzepte völlig neue biografische wie familiale Bedeutungen, entstehen mehrheimische Alltagspraktiken, in denen vielfältige lokale wie grenzüberschreitende Elemente aufeinander bezogen werden und sich zu lokalen Lebensweisen verdichten.

Postmigrantische Beheimatung

Mehrfache und grenzüberschreitende Bezüge prägen auch die Lebensentwürfe der Nachfolgegenerationen der Gastarbeiterinnen und Gastarbeiter. Sie erzählen andere Geschichten, stellen andere Fragen, entwerfen spezifische Biografien und schaffen auf diese Weise eigene Möglichkeitsräume.

Die Nachfolgegenerationen werden im allgemeinen Sprachgebrauch heute meist mit Hilfe des Begriffs ›Migrationshintergrund‹ beschrieben. Dabei wird kaum problematisiert, wofür die Unterscheidung, ob jemand einen Migrationshintergrund hat oder nicht, gut sein soll, warum Menschen, die seit Generationen hier leben, nach solchen Kriterien klassifiziert werden und warum nicht das Gemeinsame, die geteilten Geschichten in den Fokus gerückt werden.

Was ist damit gemeint? Ein Beispiel: Die Entdecker des Impfstoffes gegen Covid-19, Uğur Şahin (*1965) und Özlem Türeci (*1967), wurden häufig nicht als großartige Forscher, sondern als Forscher mit Migrationshintergrund gefeiert – warum auch immer. Das Handelsblatt zitiert mehrere deutsche Zeitungen:

> Die »Bild«-Zeitung schreibt: »Unsere Welt kann gerettet werden. Aus Mainz. Von Migrantenkindern.«
>
> Die »Rheinische Post« beschreibt ein »Märchen«, also eine Geschichte, die gar nicht wahr sein kann: »Vom Gastarbeiterkind zum Weltretter.«[1]

Wir sprechen im Falle von ›Migrationshintergrund‹ nicht von einem gefährlichen Begriff. Dennoch halten wir ihn für problematisch, weil er erstens nur für bestimmte Gruppen verwendet wird, die implizit als zur Majorität nicht zugehörig betrachtet werden. Zweitens ist ›Migrationshintergrund‹ oder ›Migrantsein‹ keine Eigenschaft von Menschen, keine Berufs- oder Selbstbezeichnung, sondern ein wissenschaftliches Konstrukt, eine Zuschreibung, die mit den Lebenswirklichkeiten der Betreffenden meist wenig zu tun hat. Mit dieser Benennung schafft man eine künstliche Gruppe, der man eine Sonderrolle zuweist, die es so in der Realität gar nicht gibt. Kaum jemand würde im alltäglichen Leben auf die Idee kommen, sich selbst so vorzustellen. Wir plädieren stattdessen dafür, die Selbstbeschreibungen der Betreffenden zum Ausgangspunkt zu nehmen, oder in diesem konkreten Fall: die Qualität der Leistungen, wie der Artikel im *Handelsblatt* ausdrücklich hervorhebt. Es geht um »Spitzenforscher«, die einfach ihren Job gemacht haben. Punkt.

Zwar gilt die Wortschöpfung ›Migrationshintergrund‹ derzeit dennoch als politisch korrekt – diejenigen, die mit einem solchen Label versehen werden, reagieren aber auf diese Benennungspraxis oft verärgert: Sie wollen nicht auf ihren oft nur vermeintlichen Migrationshintergrund reduziert werden. Immer wieder treten ihnen ›Einheimische‹ als selbsternannte Experten in Herkunfts- und Heimatfragen gegenüber und forschen weiter nach den eigentlichen Wurzeln oder gar einer geplanten Rückkehr in die ›eigentliche‹ Heimat, wenn die Antwort auf die Frage nach der Herkunft nicht ihren Erwartungen entspricht: als wollten sie einer möglichen Nichtzugehörigkeit der so Befragten auf die Schliche kommen. »Woher kommst du eigentlich?«, so lautet die allzu bekannte Formel, mit der diese Menschen im alltäglichen Leben permanent konfrontiert werden. In der Fachliteratur werden die Gespräche, die sich aus einer solchen Zuschreibung ergeben, als Herkunftsdialoge bezeichnet. Es kommt dabei zu einer Art ›Fremdverortung‹, Zugehörigkeitsverhältnisse werden von außen festgelegt und gesellschaftliche Machtverhältnisse definiert. »Der Begriff Heimat scheint sich zu einer Chiffre entwickelt zu haben, um dem Dilemma der Mehrdeutigkeit und Hybridisierung zu entkommen«,[2] so die Politik- und Sozialwissenschaftlerin Naika Foroutan (*1971).

Auch in Gesprächen mit bekannten Persönlichkeiten finden solche Befragungen öfter statt. So werden diese etwa gefragt, ob sie sich in dem Land, in dem sie leben, einheimisch fühlten oder ob sie sich etwa halb deutsch, halb türkisch fühlen würden: Dabei werden die von den Nachfolgegenerationen erbrachten Leistungen oft ›verdeutscht‹, wenn sie als hochkulturell wertvoll gelten. Als der Filmmacher Fatih Akin (*1973) auf der Berlinale 2004 für seinen Film *Gegen die Wand* den Goldenen Bären verliehen bekam, hieß es in der medialen Berichterstattung, dass der Preis erstmals seit 18 Jahren wieder an einen deutschen Film gehe. Wenn die erbrachten Leistungen als hochkulturell eingestuft werden, werden sie fast automatisch vereinnahmt, ansonsten bleibt man nach all den Jahren ›Migrant‹ und weist also immer noch und weiterhin einen Migrationshintergrund bzw. fremde Wurzeln auf.

Solche Etiketten und Haltungen tragen wesentlich dazu bei, eine künstliche Gruppe von Menschen zu konstruieren, die wenig andere Gemeinsamkeiten aufweisen als jene, von eingewanderten Familien abzustammen und hier geboren worden zu sein. Die folgende Aussage einer

Journalistin, deren Großeltern als Gastarbeiter aus der Türkei nach Deutschland gekommen sind, zeigt, welche Folgen diese Haltung für die betroffenen Personen haben kann:

> In der Bibliothek des philosophischen Instituts stand ein fünfbändiges Werk zur Bedeutung des Verbs *sein* in sämtlichen bekannten Sprachen. Solch feine Differenzierungen lernten wir. Heute bin ich damit beschäftigt, falsche Koranzitate abzuwehren und mich vom Terrorismus zu distanzieren.[3]

Die aktuellen öffentlichen Debatten versperren den Blick auf eine Vielzahl von Lebensstrategien, Kompetenzen und Ressourcen, die mit Migration und Mobilität verbunden sind. Gerade die Fähigkeit, zwischen oder in unterschiedlichen Welten zu denken und zu handeln und daraus neue Lebensentwürfe zu kreieren, macht die besondere Kompetenz in einer mehrheimischen Gesellschaft aus, wie die folgenden mobilen Lebenskonstruktionen demonstrieren.[4]

»Das Chaotische, das Vieldeutige so spannend«

Bilal, als Kind einer Gastarbeiterfamilie in Frankfurt geboren und aufgewachsen, studierte Architektur. Im Anschluss war er einige Jahre in seinem Beruf tätig und lebte eine Zeit lang in London, bis er beschloss, mit seiner Frau nach Istanbul auszuwandern. Das Ehepaar lebt zum Zeitpunkt des Gesprächs bereits seit fünf Jahren vorwiegend in Istanbul, zum Teil in Frankfurt, zeitweise auch in London.

Bilal und seine Frau sind beide im Kunstbereich tätig und geben eine internationale Zeitschrift heraus.

In Bilals Erzählungen macht sich eine doppelte Idealisierung bzw. Ambivalenz bemerkbar: In Frankfurt habe er ständig von Istanbul geschwärmt, dieser kreativen und chaotischen Stadt, die ihm spannend und inspirierend erschien. Die Sehnsucht danach sei auch der Hauptgrund für seine Auswanderung gewesen. Nun genieße er zwar das, wonach er gesucht hat, zugleich fühle er sich in Istanbul aber manchmal als Außenseiter. Er denkt nun anders über seine Zeit in Frankfurt nach, ja: idealisiert manche Erinnerungen an Deutschland. Insgesamt empfindet er die permanente Reflexion seiner Biografie aber als äußerst produktiv.

Abschließend erzählt er, dass er auch weiterhin die Kontakte zu Verwandten in anderen Ländern aufrechterhalte: Manche von ihnen leben in Deutschland, manche in Frankreich, manche in anderen Ländern. »Das ist ja auch nicht auszuschließen, dass ich mal wieder nach Deutschland gehe.«

»Dazwischen eine kreative Lebensart«

Ertan, mit zehn Jahren aus der Türkei zu seiner Familie nach München gekommen und dort aufgewachsen, ist heute Architekt. Nachdem er einige Jahre in seinem Beruf gearbeitet hatte, zog er 15 Jahre vor dem Zeitpunkt des Gesprächs nach Istanbul, um sich seinen Wunschtraum zu verwirklichen: alte Häuser und Wohnungen mit Bosporus-Blick zu restaurieren und an Touristen zu vermieten. Inzwischen ist es ihm gelungen, viele zentral gelegene Altbauwohnungen in einer gekonnten Mischung aus traditionellen und modernen Stilelementen zu restaurieren und neu einzurichten. Trotz anfänglicher bürokratischer Hürden habe er sich schnell an die neuen Umstände gewöhnt.

Ertan vergleicht Istanbul mit New York: interessant, aufregend, vielfältig und kosmopolitisch. Seine Verbindungen zu München pflegt er weiter, sie kommen ihm nun auch für seine Projekte zugute. Neben der Vermietung von Apartments an deutschsprachige Gäste organisiert er – zusammen mit seiner Ehefrau und einem zweisprachigen Team aus Deutschland – kulturelle Aktivitäten, in die er seine Kunden einbezieht. Im Gespräch wird deutlich, dass er seine biografischen Erfahrungen in München für seine Vorhaben in Istanbul nutzen und in die Alltagspraxis übersetzen kann. Zugleich sieht er sich häufig mit Problemen konfrontiert, durch die er sich in seiner Kreativität eingeschränkt fühlt. Eine gewisse Distanz zur jeweiligen Normalität zu bewahren, helfe ihm aber auch dabei, die Umstände differenzierter zu sehen und einzuschätzen. Für ihn ist dieses »Dazwischen« eine kreative Lebensart, eine Quelle für ungewöhnliche Ideen.

»Almanci« (»Deutschländer«)

Mehtap ist in Berlin als Kind einer Gastarbeiterfamilie geboren und aufgewachsen und hat Bauingenieurswesen studiert. Besonders ihre Mutter habe viel Wert auf eine gute Ausbildung gelegt. Zum Zeitpunkt des Gesprächs lebt Mehtap seit acht Jahren in Istanbul. Zunächst bewarb sie sich nach dem Studium erfolgreich auf eine sechsmonatige Praktikumsstelle. Im Anschluss kehrte sie nach Berlin zurück. Später bewarb sie sich wieder in Istanbul, diesmal auf eine lukrative Stelle, die sie auch bekam.

Erst in der Türkei habe sie gemerkt, wie ›deutsch‹ sie eigentlich sozialisiert worden sei. So habe sie dort zunächst die gewohnte Ordnung vermisst: Das Leben kam ihr chaotischer und lockerer vor, gleichzeitig fehlte es ihr an Verbindlichkeiten. An diese Umstände musste sie sich erst gewöhnen. Umgekehrt reagierten aber auch ihre Kollegen mit Befremden auf ihre strengere Arbeitsmoral und ihren Umgangston. So sei sie mit ihrer direkten Art bei manchen auf Unverständnis gestoßen, man habe sie als »Almanci«[5] eingestuft. Erst im Laufe der Zeit habe man ihre Ideen ernstgenommen. Inzwischen könne sie, so Mehtap, beide Haltungen gut miteinander vereinbaren: Sie hat sich daran gewöhnt, dass das Leben in Istanbul einer anderen Logik folgt. Gleichzeitig bewertet sie rückblickend auch ihre Zeit in Berlin neu, betrachtet damalige Alltagsroutinen jetzt in einem anderen Licht. So erinnert sie sich etwa daran, dass sie in Deutschland in der Kommunikation mit ›Landsleuten‹ immer eine ›Mischsprache‹ wählte – einige Sachverhalte könne sie in Türkisch besser ausdrücken, andere wiederum in Deutsch.

Diese pragmatische Mischsprache ist weit verbreitet und zugleich situationsspezifisch – eine Übersetzung bzw. Umsetzung von Mehrsprachigkeit in die alltägliche Kommunikation. Es handelt sich offensichtlich um eine besondere Kompetenz, die im deutschsprachigen Migrationsdiskurs jedoch noch überwiegend als problematisch betrachtet wird.

Auch diese Beispiele stehen stellvertretend für viele Biografien. Sie zeigen auf bemerkenswerte Weise, inwieweit Zugehörigkeiten in Bewegung geraten sind, wie sie je nach Kontext immer wieder neu definiert werden, wie weltweit gespannte Mehrfachverbindungen und Beheimatungsprozesse zu einem komplexen, vielschichtigen und hybriden Phänomen werden, zu einer biografischen Ressource in einer globalisierten Welt. Solche Entwicklungen verweisen auf eine Alltagspraxis, die der Wirklichkeit der globalisierten Welt nicht hinterherhinkt, sondern sie im Gegenteil vorantreibt und weitere Öffnungen bewirkt.

Das Leben zwischen oder in unterschiedlichen Welten, dessen Akteuren bislang vielfach zugeschrieben wurde, unter ›Zerrissenheit‹ zu leiden oder, allgemeiner, einen ›Leidensprozess‹ durchzumachen, erhält in der zunehmend globalisierten Welt eine biografische und translokale Relevanz und kann als Metapher für die kosmopolitischen Zeichen der Zeit betrachtet werden. Das ›Dazwischensein‹ erweist sich so als eine kreative, soziale Praxis, eröffnet Räume der Individualität, es gehört für viele zum ganz normalen Alltag, als eine Art postmigrantischer Beheimatung.

Die weltoffene Stadt

Gerade Großstädte entstanden überhaupt erst durch Mobilitäts- und Migrationsbewegungen. Zunächst waren massenhafte Binnenwanderungen besonders für das 19. Jahrhundert charakteristisch. Die veränderte Erwerbsstruktur und die damit verbundene zwangsläufige geografische Mobilität verstärkten Urbanisierungsprozesse und die Entwicklung industriestädtischer Standorte. Mobilität wurde für den Aufstieg der Städte zum konstitutiven Element.

Die Vielfalt von verschiedenen Menschen, Dingen und Ideen hat Städte immer geprägt. Weltoffenheit, der Sinn für andere Lebensarten und Denkhaltungen waren von Beginn an charakteristisch für das dortige Leben: ob in Istanbul, Athen oder Alexandria, ob im mittelalterlichen Paris, im Florenz der Renaissance oder in den heutigen Großstädten und Metropolen, also immer dort, wo wir uns mit einem gewissen kosmopolitischen Flair konfrontiert sehen, das als typisch für städtische Kulturen und Lebensweisen angesehen werden kann. An urbanen Orten wird sehr Unterschiedliches miteinander verbunden, in die Alltagspraxis übersetzt und transformiert.

Die vielfältigen städtischen Strukturen motivieren, ja nötigen Menschen auf unterschiedliche Weise und in unterschiedlichen Zusammenhängen zur urbanen Kommunikation. Vielschichtige Handlungen, Aktivitäten, soziale Netzwerke verbinden Städte mit der regionalen, nationalen und globalen Welt. Nur wenige Bewohnerinnen und Bewohner sind in jenen Städten, in denen sie leben, geboren und aufgewachsen, und nicht alle Zugezogenen bleiben für immer an Ort und Stelle.

Mobilitätserfahrungen und die damit verbundene Vielheit haben das urbane Zusammenleben seit jeher geprägt, flossen in die Alltagspraxis ein und prägen die Biografien der Stadtbewohnerinnen und -bewohner. Die Rheinmetropole Köln bietet ein prägnantes Beispiel dafür, dass Städte, dass urbane Kultur ohne Mobilitätserfahrungen nicht denkbar sind und Einflüsse von außen zur städtischen Normalität gehören. Ob als römische Kolonie, als Pilger-, Wallfahrts- oder Handelszentrum, als französische oder preußische Garnisonsstadt, als Ziel von Arbeitsmigration, als Touristenmagnet oder als selbst ernannte ›nördlichste Provinz Italiens‹: Die Entwicklung Kölns als Rheinmetropole hat immer schon von grenzüberschreitenden, ja weltweiten Einflüssen und Verbindungen profitiert. Und sogar scheinbar ›urkölsche‹ Aspekte des Alltagslebens und des Stadtbildes – vom Stadtwappen mit den Heiligen Drei Königen aus dem Morgenland über Dom und romanische Kirchen, Karneval, ›kölsche‹ Sprache und den ›rheinischen Katholizismus‹ bis hin zu der regionalen Küche, dem ›Kölsch‹ und den ›Heinzelmännchen‹: Dies alles ist so unterschiedlicher Herkunft, dass eigentlich nichts außer dem berühmten ›Kölner Klüngel‹ wirklich lokalen Ursprungs sein mag. Mobilität und Migration haben Sozialgeschichte und Alltagskultur ihren Stempel aufgedrückt und eine Diversität hervorgebracht, die man durchaus als Produkt einer zweitausendjährigen Migrationsgeschichte ansehen kann.

Oder Wien: Die anlässlich der Sonderausstellung des Historischen Museums, des heutigen Wien Museum, zur Geschichte und Gegenwart der Zuwanderung nach Wien veröffentlichten Beiträge belegen aus unterschiedlichen Perspektiven, welche Rolle Mobilitäts- und Migrationsbewegungen für die Entwicklung, Urbanisierung und Diversifizierung von Wien gespielt haben. So vermerkt der Kurator Peter Eppel (1950–2014) einleitend:

> Gerade das typisch Wienerische hat viel mit der Randlage und Brückenfunktion dieser Stadt zu tun, mit den vielen Migrationsströmen, die ihre tiefen Spuren hinterlassen haben, ja unser Selbstverständnis bis heute prägen – auch wenn wir uns dessen oft nicht bewusst sind: Im Alltagsleben der Wienerinnen und Wiener von heute kommt diese multiethnische Bevölkerungsentwicklung vor allem in der Sprache, Familiennamen, Straßennamen, Bräuchen und in der »Wiener Küche« zum lebendigen Ausdruck. In sehr vielen Fällen auch durch den Stammbaum der eigenen Familie.[1]

Die Beispiele sind Belege dafür, dass Städte immer schon aus der gleichzeitigen Existenz von Differentem bestanden haben, aus der Vielheit von Praktiken, Menschen, Gruppen und Ideen. Gerade große Schritte in der Entwicklung von Städten sind immer einhergegangen mit dem Zuzug von Menschen, die neue Ideen, Sichtweisen und Impulse mit sich brachten.

Menschen kommen in der Stadt auf je unterschiedliche Art und Weise an, richten sich unterschiedlich ein, bauen vertraute Strukturen auf, bewältigen alltägliche Probleme, entwickeln neue Visionen und gestalten damit auch die städtische Alltagspraxis. Es gehört heute zur urbanen Normalität, in einem türkischen ›Tante-Emma-Laden‹ einzukaufen, in einem chinesischen oder italienischen Restaurant zu speisen, den Abend in einer kubanischen Bar zu verbringen, sich von einem iranischen Arzt behandeln zu lassen, eine asiatische Kampfsportart zu erlernen, Yoga zu betreiben und jährlich einen Auslandsurlaub zu planen.

Urbanes Leben markiert eine besondere Lebensweise, Urbanität ist Verhaltensstil, Lebensform und Gestaltungsprinzip; kurz: Urbanität charakterisiert eine neue Qualität des Sozialen.

Ein Blick in die Alltagspraxis

Wie das Leben vor Ort gestaltet wird und wie sich *kleinteilige Beheimatungsprozesse* formieren, lässt sich gut veranschaulichen, wenn man sich biografische Aneignungsprozesse unmittelbar dort ansieht, wo Menschen wohnen und leben.

Menschen mit unterschiedlichen Biografien und Weltanschauungen leben in Städten dicht beieinander, arrangieren sich immer wieder neu und bringen diverse Strukturen, Kulturen und urbane Kommunikationsformen hervor.

Heimat ist für viele Menschen die unmittelbare Lebenswelt, die vertraute Struktur, die von den Einzelnen entworfen und gestaltet wird. In Gesprächen über Heimat gibt es daher häufig Antworten wie »Heimat ist dort, wo meine Familie, Freunde sind« oder »Heimat ist da, wo ich mich auskenne, wo ich mich wohl fühle«.

In zahlreichen Studien, die sich mit dem städtischen Leben vor Ort befassen, wird anschaulich, wie Menschen ihren Alltag organisieren, sich ihre Orte suchen oder neue Orte und Nischen schaffen.[1] Menschen richten sich lebensweltliche Inseln ein, Orte des Alltags und der Nähe, eignen sich auf diese Weise die Stadt, den Stadtteil oder die Straße an. Dies geschieht auf verschiedenen Wegen: über zwischenmenschliche Kontakte und soziale Netzwerke einerseits und über räumliche Aneignung andererseits.

Die besondere Qualität, die das Leben in einem bestimmten Stadtteil ausmacht, wird von unterschiedlichen Menschen oft ähnlich beschrieben. Zentral sind dabei Bekannte oder Freunde im Stadtteil, Orte, die regelmäßig aufgesucht werden – sei es die Stammkneipe, seien es einzelne Geschäfte, in denen man die Gesichter der Verkäuferinnen und Verkäufer kennt und einige Worte mit ihnen wechselt –, oder der Lieblings-Verkaufsstand auf dem Wochenmarkt. Genannt werden in solchen Gesprächen also ganz unterschiedliche Orte, die für Menschen bedeutsam sind und in ihrem alltäglichen Leben eine wichtige Rolle spielen.

Zugleich scheinen die einzelnen Orte aber auch ganz unterschiedliche Bedeutungen für verschiedene Personen zu haben: Einige nehmen etwa den Stadtteil, in dem sie wohnen, als eine Art ›Dorf‹ wahr, andere wiederum wollen nicht auf einen bestimmten geografischen Ort festgelegt werden und finden Reisen in unterschiedliche Länder spannend und biografisch relevant.

Zur Relevanz von Mobilität, Globalität und Vielheit für großstädtische Urbanität existiert eine Fülle von Literatur und Studien. Über kleinere Städte findet man dagegen nur wenig, obwohl sich ihre Situationen oftmals nur graduell voneinander unterscheiden.

Die Stadt Innsbruck in Tirol liefert dafür ein anschauliches Beispiel: Zum einen ist Innsbruck historisch durch die grenznahe Lage bzw. als ›Transitort‹ durch unterschiedliche kulturelle Einflüsse geprägt. Von dieser Lage hat die Stadt schon immer profitiert. Zum anderen spielten Mobilitätsbewegungen für die Entstehung, Modernisierung und Urbanisierung der Stadt eine wesentliche Rolle. Das heutige Gesicht von Innsbruck war und ist ohne geografische Mobilität von Menschen nicht denkbar.

Der Innsbrucker Stadtteil St. Nikolaus, ein ehemaliges Arbeiterviertel, zeigt, wie Mobilitäts- und Migrationsbewegungen das Leben und das Erscheinungsbild städtischer

Nachbarschaften prägen und verändern können. St. Nikolaus liegt nördlich des Inn und ist das älteste Stadtviertel Innsbrucks: Es entstand bereits ab 1165 und damit noch vor der touristisch bekannten Innsbrucker Altstadt auf der Südseite des Inn.

Heute gilt St. Nikolaus als ›hippes In(n)-Viertel‹ und findet immer mehr mediale Aufmerksamkeit. Jungunternehmer und Künstler treffen auf traditionsreiche Betriebe und Vereine. Menschen verschiedenster Herkunft, Milieus und Altersklassen mischen sich in der Wohnbevölkerung. Das besondere Flair des Stadtviertels zeigt sich in seiner baulichen Substanz aus dem Mittelalter, den pastellfarbenen Häuserfronten, den Grünflächen des Waltherparks sowie den individuellen Geschäften und Restaurants, welche dem Stadtteil einen internationalen Charme verleihen. Doch melden sich auch kritische Stimmen, die auf Tendenzen von Gentrifizierung oder ›Yuppisierung‹ und soziale Verdrängung verweisen.

Heute bietet St. Nikolaus mit der Innstraße und den angrenzenden Gassen ein attraktives Bild, ist zum trendigen Stadtteil avanciert, der zunehmend auch für Touristen interessant wird. Neben alteingesessenen Betrieben wie der traditionsreichen Seifenfabrik Walde finden sich türkische, italienische und indische Lokale, Imbissläden und Cafés. Junge Leute haben den Stadtteil für sich entdeckt und neue Ideen eingebracht. Ein weltoffenes Viertel im Wandel. Mehrfache und mehrheimische Zugehörigkeiten und ganz unterschiedlich gelagerte Lebensentwürfe, die über lokale und nationale Grenzen hinausgehen, den Alltag vor Ort mit der Welt verbinden, geben den Menschen im Stadtteil ihr individuelles Gesicht. Auf diese Weise entstehen neue urbane Räume, weitet sich der Horizont, werden neue Erfahrungen und Ideen möglich, verwirklicht sich ein neues urbanes Selbstverständnis, ein spezifisches mehrheimisches Lebensgefühl.

Im Jahr 2014 wurde mit Studierenden versucht, die Geschichte des Stadtteils St. Nikolaus und das Leben vor Ort aus Dokumenten und Erzählungen der ansässigen Bevölkerung und Geschäftsleute zu erkunden. Uns interessierte, wie die hier ansässigen Menschen das Leben im Stadtteil wahrnehmen und beschreiben, welche Rolle dabei das durch Vielheit geprägte Erscheinungsbild spielt und wie sie ihr Leben beurteilen. Unsere Recherchen bestätigten den Eindruck, dass der Stadtteil eine historisch geprägte Heterogenität aufweist, dass diese Vielheit das Alltagsleben charakterisiert und dies von den Anwohnerinnen und Anwohnern geschätzt wird.

Wie der Stadtteil selbst scheinen auch die Lebensentwürfe der Bewohnerinnen und Bewohner in Bewegung geraten zu sein. An den zwei folgenden kurzbiografischen Darstellungen sollen besonders grenzüberschreitende Verbindungen und Einflüsse in lokalen Strukturen und persönlicher Lebensgestaltung sichtbar gemacht werden.

Indira wurde 1978 in Indien geboren und lebt seit ihrem zweiten Lebensjahr überwiegend in St. Nikolaus, zeitweilig wohnte sie aber auch in Indien, New York und Kalifornien. Ihr Vater absolvierte in Salzburg eine universitäre Ausbildung und sammelte dort erste berufliche Erfahrungen in der Gastronomiebranche. 1980 eröffnete er in der Innstraße in St. Nikolaus ein indisches Restaurant, das noch heute dort als Familienbetrieb existiert. Zum Zeitpunkt des Gesprächs ist Indira Mutter zweier

Kinder. Ihre Biografie und ihre Familiengeschichte weisen neben dem Bezug zu St. Nikolaus vielfältige Mobilitätsprozesse auf.

Christina, 1981 in Tirol geboren, verbrachte ihre Kindheit und frühe Jugend bei den Großeltern auf dem Land und zog schließlich zu ihren Eltern nach Innsbruck. Ihre biografischen Stationen umfassen neben Innsbruck auch zeitweilige Wohnorte in Zentralamerika, Spanien und Italien. Von 2010 bis 2016 betrieb sie in St. Nikolaus ein kleines ›Mode-Café‹, dessen originelle Idee auf einem Konzept von Nachhaltigkeit basierte und die Bereiche Mode, Essen und Trinken miteinander verband. Heute befindet sich in den Räumen eine Pizzeria.

Das ehemalige Arbeiterviertel hat für die beiden Gesprächspartnerinnen einen besonderen Charme, ein urbanes Flair mit Dorfcharakter. Sie identifizieren sich mit ihrer Nachbarschaft und fühlen sich dort wohl: »Ich kenne nichts anderes, für mich ist St. Nikolaus mein Zuhause. Es ist egal, wo ich bin auf der Welt, ich komme immer wieder gern zurück zu St. Nikolaus, weil das mein Zuhause ist«, so Indira.

Die Vielgestaltigkeit von Infrastruktur und Bevölkerung wird von den Anwohnerinnen und Anwohnern sehr geschätzt: »Wir sind ein bunter Haufen, also ich würde sagen, wir sind der Multikulti-Stadtteil«, so Christina. »Ein Multikulti-Stadtteil, aus verschiedenen Teilen der Welt zusammengewürfelt, und sie schaffen es, in Frieden zusammenzuleben und zu genießen, das ist wichtig«, betont Indira.

Auch im Umgang mit kulinarischen Einflüssen finden sich wenig Grenzen: »Ich esse einmal türkisch, einmal griechisch, einmal etwas anderes – für mich ist das normal«, erzählt Indira.

Gleichzeitig distanzieren sich die beiden interviewten Frauen deutlich von ethnisch-nationalen Zuordnungen, so sagt Indira: »Wir haben immer solche gesellschaftlichen Limits: du Türke, du Pakistani, du Afghane, und da muss ich sagen: Hallo! Das sind Menschen, Menschen helfen Menschen, und nicht: du bist Türke und so. Es gibt keinen Begriff wie Österreicher mit Migrationshintergrund, solche Begriffe, die eigentlich ein Scherz sind, gibt es da nicht.«

Die urbane Vielheit wirkt sich auch auf die Sozialisationsprozesse von Kindern und Jugendlichen im Stadtteil aus. Sie wachsen mit unterschiedlichen Sprachen, Religionen, Lebensstilen auf, wie Indira ausführt: »Also, als ich klein war, habe ich mit verschiedenen Kindern gespielt, bin mit verschiedenen Sprachen aufgewachsen, mit verschiedenen Küchen, das ist der normale Standard gewesen bei uns, so sind wir aufgewachsen.«

Aus diesen biografischen Einblicken lässt sich schließen, dass Bindungen durch virtuelle und physische Mobilität durchaus über große Entfernungen hinweg aufrechterhalten werden können. Die Globalisierung der Lebensentwürfe bedeutet, dass sich die Mehrdeutigkeiten und Ambivalenzen der Welt nicht mehr weit draußen, sondern im Kern des eigenen Lebens, in lokalen Kontexten, in denen man sich tagtäglich bewegt abspielen. In kosmopolitisierten alltäglichen Handlungsräumen ergeben sich auf diese Weise immer neue Möglichkeiten, weltweite Perspektiven und Individualisierung aufeinander abzustimmen und biografisch zu bearbeiten. Das Lokale verschwindet dabei nicht einfach, sondern formiert sich neu und erlangt für die Gestaltung der je individuellen Lebenswirklichkeit einen neuen Stellenwert, als eine *kleinteilige mehrheimische Alltagspraxis vor Ort.*

Daheim in allen Welten

Im Gegensatz zum Nationalismus als homogenisierendes Ordnungsdenken impliziert der Kosmopolitismus eine offene Haltung gegenüber der Welt und motiviert uns dazu, die nationale Spur zu verlassen und außerhalb der vorgeschriebenen Bahnen zu denken, um gesellschaftliche Vielheit und Vielstimmigkeit wieder sichtbar zu machen. Der kosmopolitische Blick auf das Lokale und Alltägliche entwirft eine neue Topografie des Möglichen. Der Berliner Schriftsteller Zafer Şenocak (*1961) notiert: »Jeder Mensch hat seine eigene persönliche Geographie, in der Grenzen anders verlaufen als auf der Landkarte.«[1]

Die in Japan geborene Künstlerin Tamara O'Hara (1935–2015) hat hierfür eine besondere Kartografie entwickelt. Grundlage ihrer Arbeit sind Stadtplan sowie Land- und Weltkarte: Zunächst legt sie diese übereinander, dann markiert sie alle geografischen Orte, an denen sich eine Person in ihrem Leben bereits aufgehalten hat, um am Ende diese Punkte miteinander zu verbinden. Das so entstandene Geflecht lässt individuelle Landkarten entstehen, einschließlich der eigenen Grenzen. Diese von ihr hergestellten Zeichnungen nennt sie »Bewegungsprotokolle«. Würden kognitive Bewegungsprotokolle hinzufügt, entstünden noch viel komplexere Karten. O'Haras Skizzen verdeutlichen, inwieweit in unserer Zeit räumliche Mobilität die Biografien bestimmt bzw. in Bewegung setzt.

Dass viele Menschen heute mehrfache Zugehörigkeiten und vielschichtige Lebensentwürfe entwickeln, erscheint aus dieser Perspektive als unspektakuläre Alltagsnormalität. So sind Lebensformen und Milieus entstanden, die Entferntes miteinander kombinieren, neue Erfahrungs- und Denkhorizonte eröffnen sowie Räume für Kompetenzen und Lernprozesse schaffen, und zwar jenseits nationaler Ideologien. Diese alltäglichen Übersetzungsräume nennen wir ›Transtopien‹, ›Welt-Räume‹, in denen unterschiedliche – sowohl lokale als auch grenzüberschreitende – Elemente miteinander verknüpft werden und sich zu Strukturen, Kulturen und Kommunikationsformen vor Ort verdichten. Durch diese Übertragungsprozesse entstehen kosmopolitisierte Handlungsräume.

Auch wenn Menschen sich nicht vom Fleck bewegen würden, was heutzutage kaum denkbar scheint, befindet sich die Welt um sie herum permanent in Bewegung. Wir haben heute die Möglichkeit, uns per Knopfdruck oder Mausklick in kürzester Zeit über Ereignisse in aller Welt zu informieren und uns mit diesen auseinanderzusetzen. Der Fernsehrezipient wird zum »virtuellen Weltbürger«[2], so der Soziologe Ulrich Beck (1944–2015).

Befürchtungen, dass Globalisierung und lokale Diversifizierung der Möglichkeit zu Beheimatung diametral entgegenstünden und dass globale Öffnungsprozesse schrittweise die ›Entheimatung‹ von Menschen vorantrieben, scheinen sich also nicht bewahrheitet zu haben. Verschiedenste Lebenswirklichkeiten und Biografien zeigen, dass Globalisierung und lokale Diversifizierung mit neuen Beheimatungspraktiken einhergehen: Es kommt zu alltäglichem Kosmopolitismus.

Beck spricht in seinem im Jahr 2017 erschienenen Buch entsprechend von der *Metamorphose der Welt* und meint damit, dass das gestern Undenkbare, Unvorstellbare heute nicht nur möglich, sondern längst Wirklichkeit geworden ist:[3] Wir beobachten radikale Veränderungen, aus denen andere Lebenskonstruktionen, eine andere Art des In-der-Welt-Seins hervorgehen. Diese neue Realität ist konstitutiv für Lebensstrategien, Lebensentwürfe und alltägliche Beheimatungsprozesse vor Ort, die Welt ist zum Bezugspunkt des alltäglichen Handelns geworden. Aus diesem Grund sind Handlungen in kosmopolitisierten Räumen reflexiv, sie überwinden Grenzen, indem sie Verbindungen herstellen und dabei globale Ideen und Differenzen nutzen.

Der schwedische Sozialanthropologe Ulf Hannerz (*1942) beschreibt diese weltweite Verflechtung mit dem Begriff »Kreolisierung« und meint damit die Vermischungen, Widersprüche und fließenden Grenzen.[4] Der Begriff stammt ursprünglich aus der Linguistik und bezeichnete die Sprachen, die in Südamerika und der Karibik aus der Verschmelzung von heimischen und Kolonialsprachen entstanden sind. Die Bedeutung von Kreolisierung unter globalen Bedingungen kann man mit den Worten des Schriftstellers Salman Rushdie (*1947) in Bezug auf die Welt der *Satanischen Verse* so ausdrücken: »Die Satanischen Verse feiern Vermischung, Unreinheit und das Ergebnis aus neuen und ungewohnten Verbindungen zwischen Menschen, Kulturen, Ideen, Politik, Filmen und Liedern.«[5]

Übertragen auf das Alltagsleben ließe sich dies an folgendem Beispiel veranschaulichen (das übrigens nicht frei erfunden ist): Eine in Köln lebende Frau aus Brasilien ist mit einem homosexuellen Mann verheiratet und lebt in einer Wohngemeinschaft mit vier Salsa-Fans, wobei sie mit einem von ihnen eine enge Beziehung hat. Die Juristin verdient ihren Unterhalt als Sozialarbeiterin in einer Bürgerinitiative gegen Rassismus. Ihr Mann, mit dem sie aus aufenthaltsrechtlichen Gründen formal verheiratet ist, ist in München geboren und aufgewachsen, lebt zurzeit in Köln und sucht eine Stelle als Schauspieler. Er hat einen bayerischen Akzent und spricht etwas Türkisch und Arabisch. Zuletzt spielte er die Hauptrolle in einem Kinofilm, einen türkischen Homosexuellen. Sein Vater stammt aus Syrien, seine Mutter aus der Türkei, sie haben sich in München kennengelernt, waren zehn Jahre lang miteinander verheiratet und leben seit einiger Zeit getrennt.

Dass Menschen vor Ort in diverse Rollen eingebunden sind, mehrfache Bezüge und Zugehörigkeiten aufweisen können, bringt auch die folgende Passage aus Amartya Sens *Identitätsfalle* deutlich zum Ausdruck:

> Eine Person kann gänzlich amerikanische Bürgerin, von karibischer Herkunft, mit afrikanischen Vorfahren, Christin, Liberale, Frau, Vegetarierin, Langstreckenläuferin, Historikerin, Lehrerin, Romanautorin, Feministin, Heterosexuelle, Verfechterin der Rechte von Schwulen und Lesben, Theaterliebhaberin, Umweltschützerin, Tennisfan, Jazzmusikerin und der tiefen Überzeugung sein, dass es im All intelligente Wesen gibt, mit denen man sich ganz dringend verständigen muss (vorzugsweise auf Englisch).[6]

Solche Beispiele zeigen, wie miteinander verwoben die Bezüge vieler Menschen schon sind, sein können und dass die

Herkunft nicht mehr Ausgangspunkt jeder Selbstdefinition sein kann – wenn sie es denn je sein konnte. Auf eine oder andere Weise sind wir alle *weltheimisch* geworden, oder um einen Begriff von Beck zu gebrauchen: Heimat hat längst einen *Welthintergrund*.

Die Welt vor Ort

Heimat erscheint als etwas Alltägliches, Lebenspraktisches, etwas aktiv Hergestelltes, neu Angeeignetes und subjektiv Erfahrenes in einer Welt, die immer mobiler wird. Heimat ist die vertraute und kosmopolitisierte Lebenswelt. Dabei handelt es sich um konkrete Prozesse, in denen Erfahrungen, Erlebnisse, Hoffnungen, Sehnsüchte, geografische wie biografische Bezüge und unterschiedliche Zugehörigkeitsverhältnisse individuell zu einem speziellen Geflecht zusammengefügt werden. Heimat ist ein Produkt bewegter Lebensgeschichten, verweist auf die Diversität von Beziehungsmöglichkeiten und sagt etwas aus über unser eigenes Leben. Diese Entwicklung zeigt das Potenzial realisierter Utopien in einer durch Mobilität und Vielheit geprägten globalisierten Welt. Oder, wie es Seyla Benhabib (*1950), die in Istanbul geborene Professorin für Politische Theorie und Politische Philosophie, in einem Interview im Jahr 2019 ausdrückt: »Heimat ist für mich in erster Linie der Punkt, an dem man einen Anfang macht.«[1]

In einer Welt, in der Menschen, wenn auch auf unterschiedliche Weise und in unterschiedlicher Intensität, vor Ort weltheimisch werden (können), macht das sogenannte *wurzelorientierte* Denken, diese ›Wurzelmanie‹, keinen Sinn mehr. Doch prägt diese Haltung das nationalstaatliche Denken bis heute. Ein *nomadisches* Prinzip, so wie es von Gilles Deleuze (1925–1995) und Félix Guattari (1930–1992) in *Rhizom*[2] entworfen wurde, wird unseren globalisierten und mobilen Gesellschaften eher gerecht.

Die kleinteiligen, auf die Lebenserfahrungen von Menschen bezogenen Beheimatungen, in denen lokale, regionale und weltweite Bezüge individuell zusammengefügt und in die Alltagspraxis übersetzt werden, erscheinen in den ideologisch geführten aktuellen Debatten in Europa oft ausgeblendet oder nur als Randnotiz wahrgenommen zu werden. »Heimat ist alles Mögliche, nur das nicht, was bei der Heimatdebatte diskutiert wird«[3], kritisiert der Schriftsteller und Journalist Robert Misik (*1966).

Wir brauchen jedoch zeitgemäße Orts- und Zukunftsentwürfe, die eine starke symbolische Wirkung auf die Gesellschaft haben und die eine optimistische Haltung zu Migration, Mobilität und Transkulturalität vermitteln. Vielheit und Mehrheimischsein sollten nicht als ein notwendiges Übel betrachtet werden, sondern als eine politische, institutionelle und alltägliche Gestaltungsaufgabe. In einer globalisierten Welt benötigen wir gesellschaftliche Institutionen, die für alle Beteiligten neue Möglichkeitsräume schaffen, in denen innovative und kreative Ideen entwickelt, weltweite Verbindungen als Sozialkapital genutzt, neue Kompetenzen und Ressourcen biografischer wie geografischer Art als Kulturkapital miteinander verbunden, übersetzt und in Neues transformiert werden können. Vor allem Bildungsinstitutionen sollten ein kosmopolitisches Bewusstsein entwickeln und erkennen, dass ein solches Bewusstsein mit besonderen Ressourcen einhergeht, geografisch, biografisch, kulturell und sozial mehrfach verankert zu sein – kurz: Die Einrichtungen sollten die Sensibilität für Vielheit fördern.

Vielleicht brauchen wir also neue Narrative, eine neue Heimatvision, die einen gelassenen, kreativen und optimistischen Blick auf die Gesellschaft bietet. In diesem Zusammenhang fordert die in Berlin lebende Autorin Ferda

Ataman (*1979), die selbst einer ›postmigrantischen‹ Generation angehört, in ihrem Buch *Ich bin von hier. Hört auf zu fragen!*: »Wir bräuchten eine ›Heimat-Idee‹, die alle mitnimmt – die Schonimmerhiergewesenen, die Zugewanderten und ihre Kinder, die Ostdeutschen und Westdeutschen. Eine postmigrantische, postvereinigte Erzählung, an der man gern teilhat.«[4]

Wir benötigen Zukunftsentwürfe, Gegenerzählungen, die von den Utopien des Alltäglichen ausgehen, Möglichkeitsräume, in denen wir miteinander über gesellschaftliche Visionen sprechen und über Zukunftsentwürfe gemeinsam nachdenken können. Zumindest aber erfordert die neue Dynamik ein Überdenken unserer etablierten Vorstellungen von Familie, Raum, Zeit und Zugehörigkeit. Mit einer Bemerkung des deutschen Schriftstellers Ralf Rothmann sollen unsere Überlegungen abgeschlossen werden: »Wer so etwas braucht wie einen Ort, eine Heimat, eine Nation, der ist gar nicht richtig auf dieser Welt. Es gibt andere Wurzeln. Unsere Wurzeln liegen in der Luft.«[5]

Anmerkungen

Viele Gesichter der Beheimatung

1 Ähnlich wie Mark Terkessidis verwenden wir bewusst den Begriff ›Vielheit‹, um bestimmte Konnotationen etwa des Begriffes ›Vielfalt‹ zu vermeiden. Vielfalt könne auch als eine Form des ungeordneten Aktionismus »Vertrauen zerstören, allen Beteiligten auf die Nerven gehen, Ärger machen«. Diversität im Sinne von Vielheit habe immer dann »positive Effekte, wenn sie auch bewusst gestaltet wird« – nicht im Sine einer pauschalen »Vielfalt, das Beste gegen Einfalt«, so Terkessidis, Vielheit verweist auf unterschiedliche Lebenswirklichkeiten, Lebensformen und Erfahrungshorizonte, die ein Gemeinwesen ausmachen (Mark Terkessidis, *Nach der Flucht. Neue Ideen für die Einwanderungsgesellschaft*, Stuttgart 2017, Reclams Universal-Bibliothek. 19449, hier S. 8 f.).

Historische Wandlungen des Heimatbegriffs

1 Hermann Bausinger, *Typisch deutsch. Wie deutsch sind die Deutschen?* München [2]2000, (Beck'sche Reihe. 1348), S. 72.
2 Andrea Bastian, *Der Heimat-Begriff. Eine begriffsgeschichtliche Untersuchung in verschiedenen Funktionsbereichen der deutschen Sprache*, Tübingen 1995. (Germanistische Linguistik. 159.)
3 Jacob Grimm / Wilhelm Grimm, *Deutsches Wörterbuch*, Bd. IV/II, Leipzig 1877, Sp. 864–866.
4 Friedrich Kluge, *Etymologisches Wörterbuch*, S. 212 (›Einöde‹), S. 216 (›elend‹).
5 Hanns Bächtold-Stäubli / Eduard Hoffmann-Krayer (Hrsg.), *Handwörterbuch des deutschen Aberglaubens*, Bd. 3, Berlin/Leipzig 1931, Sp. 1687–1691, hier Sp. 1687.
6 Wilhelm Heinrich Riehl, *Die Naturgeschichte des Volkes als Grundlage einer deutschen Socialpolitik*, Bd. 2: *Die Bürgerliche Gesellschaft*, Stuttgart/Tübingen 1851; sowie W. H. R., *Die Naturgeschichte des*

Volkes als Grundlage einer deutschen Socialpolitik, Bd. 3: *Die Familie*, Stuttgart/Augsburg 1855.

7 Kurt Tucholsky, »Heimat«, in: K.T., *Gesammelte Werke 1929*, Bd. 7, Reinbek b. Hamburg 1985, S. 312–314.

8 Ernst Bloch, *Das Prinzip Hoffnung*, Bd. 3, Frankfurt a. M. 1979, S. 1628. Das Werk war 1954 erstmals in der DDR und 1959 im Frankfurter Suhrkamp Verlag erschienen.

9 Ernst Bloch, *Erbschaft dieser Zeit*, erw. Ausg. (Werkausg. 4.), Frankfurt a. M. 1985, S. 111–125 sowie Francesca Vidal, »Heimat«, online: www.ernst-bloch.net/owb//fobei/fobei31.htm [Abruf 18. 5. 2021].

10 Hannah Arendt, *Wir Flüchtlinge*, mit einem Essay von Thomas Meyer, Stuttgart ³2016. (Reclams Universal-Bibliothek. 19398.)

11 Hannah Arendt, *Elemente und Ursprünge totaler Herrschaft. Antisemitismus, Imperialismus, Totalitarismus*, München ⁸2001, S. 614, sowie H. A.: »Es gibt nur ein einziges Menschenrecht«, in: Otfried Höffe / Gerd Kadelbach / Gerhard Plumpe, *Praktische Philosophie/Ethik*, Reader zum Funk-Kolleg, Bd. 2, Frankfurt a. M. 1981, S. 152–167, hier S. 158.

12 Martin Walser, »Heimatkunde«, in: M. W., *Heimatkunde. Aufsätze und Reden*, Frankfurt a. M. 1968, S. 40–50, hier S. 40.

13 Alexander Mitscherlich / Gert Kalow (Hrsg.), *Hauptworte – Hauptsachen. Zwei Gespräche: Heimat Nation*, München 1971, S. 11–68, hier S. 54 f.

14 »Heimat – unter grüner Flagge«, in: *Der Spiegel*, 23. 7. 1979, Nr. 30; Ina-Maria Greverus, *Auf der Suche nach Heimat*, München 1979. (Beck'sche Schwarze Reihe. 189.)

15 Ernst Klee (Hrsg.), *Gastarbeiter. Analysen und Berichte*, Frankfurt a. M. 1981 (Erstausg. 1972); Max von der Grün (Hrsg.), *Leben im gelobten Land. Gastarbeiterporträts*, Darmstadt/Neuwied 1975; Jochen Blaschke / Kurt Greussing (Hrsg.), *»Dritte Welt« in Europa. Probleme der Arbeitsmigration*, Frankfurt a. M. 1980.

16 Michael Vesper, »Was dem Bürger sein Goethe, ist dem Arbeiter seine Solidarität. Zur Diskussion der ›Arbeiterkultur‹«, in: *Ästhetik und Kommunikation* 7 (1976) Nr. 24, S. 62–72.

17 Max von der Grün / Oren Schmuckler / Günter Wallraff, *Unsere Fabrik. Fotoband*, Luzern / Frankfurt a. M. 1979; M. v. d. G., *Ge-*

schichten aus der Arbeitswelt, Förderungspreise für Literatur zur Arbeitswelt, gestiftet von der Kammer für Arbeiter und Angestellte für Österreich, Bd. 1–3, Wien 1982, 1984, 1989; M. v. d. G., *Maloche. Leben im Revier. Fotobuch mit der Gruppe Anthrazit*, Frankfurt a. M. 1982.

18 Sven Lindqvist, *Grabe, wo du stehst. Handbuch zur Erforschung der eigenen Geschichte*, Berlin 1989. (*Gräv där du står. Hur man utforskar ett jobb*, Stockholm 1978.)

19 Richard van Dülmen / Norbert Schindler (Hrsg.), *Volkskultur. Zur Wiederentdeckung des vergessenen Alltags (16.–20. Jahrhundert)*, Frankfurt a. M. 1984; Utz Jeggle / Gottfried Korff / Martin Scharfe / Bernd Jürgen Warneken (Hrsg.), *Volkskultur in der Moderne. Probleme und Perspektiven empirischer Kulturforschung*, Reinbek b. Hamburg 1986. (rowohlts enzyklopädie.)

20 Gert Zang (Hrsg.), *Provinzialisierung einer Region. Regionale Unterentwicklung und liberale Politik in der Stadt und im Kreis Konstanz im 19. Jahrhundert. Untersuchungen zur Entstehung der bürgerlichen Gesellschaft in der Provinz*, Frankfurt a. M. 1978.

21 Gerald Mader, »Ein Traum vom richtigen Leben. Versuch, den Begriff Heimat zu definieren«, in: Kulturabteilung der Burgenländischen Landesregierung (Hrsg.), *Hat Heimat Zukunft? Ein Beitrag zur Burgenländischen Kulturoffensive*, Eisenstadt 1981, S. 7–10, hier S. 7.

22 Helmut Paul Fielhauer, *Das Heimatmuseum anzünden? Schwierigkeiten im Umgang mit einer Bildungsinstitution*, in: *Hat Heimat Zukunft?* (s. Anm. 21), S. 65–89.

23 Peter Turrini / Wilhelm Pevny, *Alpensaga. Eine sechsteilige Fernsehserie aus dem bäuerlichen Leben*, Wien 1980.

24 Peter Turrini, »Volkskultur. Rede anläßlich des Literatursymposions ›Kulturkontakte 1979‹ in St. Veit an der Glan«, in: Christa Binder (Hrsg.), *Peter Turrini. Es ist ein gutes Land. Texte zu Anlässen*, Wien/München/Zürich 1986, S. 64 f., hier S. 65.

25 Alois Brandstetter (Hrsg.), *Daheim ist daheim. Neue Heimatgeschichten*, Salzburg 1973.

26 Reinhard P. Gruber, *Aus dem Leben Hödlmosers. Ein steirischer Roman mit Regie*, Salzburg 1973; R. P. G., *Heimatlos. Eine steiri-*

sche Wirtshausoper in einem Rausch, Graz 1985; R. P. G., *Heimat ist, wo das Herz weh tut. Frühe Prosa 1969–1978*, Graz 2000.

27 Der Film war erstmals in der ORF-Fernsehreihe *Impulse* am 17. November 1974 ausgestrahlt worden. Das Drehbuch stammte vom Musiker Werner Pirchner (1940–2001) und dem Filmemacher und Kameramann Christian Berger (*1945). Der Film korrespondiert mit der 1973 erschienenen LP »Ein halbes Doppelalbum« (WPV 1) von Pirchner.

28 Felix Mitterer, *Die Piefke-Saga. Komödie einer vergeblichen Zuneigung*, Innsbruck 1991.

29 Edgar Reitz / Peter Steinbach, *Heimat. Eine deutsche Chronik. Dreh- und Lesebuch mit allen 658 Szenen*, Nördlingen 1988.

30 Edgar Reitz, *Die andere Heimat. Chronik einer Sehnsucht. Mein persönliches Filmbuch*, Marburg ^{2}2013.

31 Siehe Dieter Riesenberger, *Heimatgedanke und Heimatgeschichte in der DDR*, in: Edeltraud Klueting (Hrsg.), *Antimodernismus und Reform. Zur Geschichte der deutschen Heimatbewegung*, Darmstadt 1991, S. 320–343.

32 Frei und sicher. Ich will's – Ich wähl's. Parteiprogramm 2019 bis 2023, Bern [o. J.], S. 5.

33 Vgl. in diesem Zusammenhang Heinrich Detering, Was heißt hier »wir«? Zur Rhetorik der parlamentarischen Rechten, Stuttgart 2019 (Reclams Universal-Bibliothek. 19619).

34 AfD, *Programm für Deutschland. Das Grundsatzprogramm der Alternative für Deutschland*, Berlin 2016, S. 58, 63, 125, 187.

35 Helmut Moser, »Über das scheinbar Selbstverständliche eines Gegenstandes. Wem gehört die Heimat – in Politik und Politischer Psychologie?«, in: Wilfried Belschner / Siegfried Grubitzsch / Christian Leszczynski / Stefan Müller-Doohm (Hrsg.), *Wem gehört die Heimat? Beiträge der politischen Psychologie zu einem umstrittenen Phänomen*, Opladen 1995, S. 13–19, hier S. 18. (Politische Psychologie. 1.)

36 Christoph Türcke, *Heimat. Eine Rehabilitierung*, Springe 2006, S. 8.

37 Vilém Flusser, *Nachgeschichten. Essays, Vorträge, Glossen*, Düsseldorf 1990; sowie Zygmund Bauman, *Flüchtige Moderne*, Frankfurt a. M. 2003.

38 Bernhard Schlink, *Heimat als Utopie*, Frankfurt a. M. 2000, S. 50.
39 *Spiegel Spezial*, 1. 6. 1999, Nr. 6.
40 Vgl. »Was ist Heimat? Eine Spurensuche in Deutschland«, in: *Der Spiegel*, 7. 4. 2012, Nr. 15.
41 Timo Heimerdinger, »Heimat – individuell oder kollektiv? Eine kulturwissenschaftliche Suche zwischen Mobilität, Ministerium und Molkerei«, in: *Praktische Theologie* 53 (2018) H. 4, S. 205–211, hier S. 209.
42 Bernd Hüppfauf, »Heimat – Die Wiederkehr eines verpöhnten Wortes. Ein Populärmythos im Zeitalter der Globalisierung«, in: Gunther Gebhard / Oliver Geisler / Steffen Schröter (Hrsg.), *Heimat. Konturen und Konjunkturen eines umstrittenen Konzepts*, Bielefeld 2007, S. 109–140; Verena Schmitt-Roschmann, *Heimat. Neuentdeckung eines verpönten Gefühls*, Gütersloh/München 2010; Renate Zöller, *Was ist eigentlich Heimat? Annäherungen an ein Gefühl*, Berlin 2015.

Vielheit als historische Normalität

1 Navid Kermani, *Wer ist Wir? Deutschland und seine Muslime*, München 2009, S. 12.
2 Dazu Sylvia Hahn, *Historische Migrationsforschung*, Frankfurt a. M. 2017.
3 Wolfgang Meighörner / Karl C. Berger / Anna Horner (Hrsg.), *Alles fremd – alles Tirol*, Innsbruck 2016.
4 Hier beziehen wir uns auf die Idee von Ilija Trojanow / Ranjit Hoskote, *Kampfabsage: Kulturen bekämpfen sich nicht – sie fließen zusammen*, Frankfurt a. M. 2016.
5 Edward Said, *Kultur und Imperialismus. Einbildungskraft und Politik im Zeitalter der Macht*, Frankfurt a. M. 1994, S. 296.
6 Burcu Dogramaci, *Heimat. Eine künstlerische Spurensuche*, Köln 2015, S. 136.

Die Alpen-Adria-Region als transkultureller Raum

1 Die folgenden biografischen Fallbeispiele wurden in unterschiedlichen Forschungszusammenhängen im Alpen-Adria-Raum ermittelt.
2 Die Erzählungen der beiden Schülerinnen stammen aus: Diana Sautter, *Wir … aus aller Welt. Storytelling – was uns bewegt*, Klagenfurt 2012, S. 23, 25.

Migration macht mehrheimisch

1 Andreas Exenberger, »Einwanderungskontinent Europa: Flüchtlingskrisen und Migrationsströme in wirtschafts- und sozialhistorischer Perspektive«, in: Wiebke Sievers / Rainer Bauböck / Christoph Reinprecht, *Flucht und Asyl. Internationale und österreichische Perspektiven*, Wien 2021, S. 21–40.
2 Saskia Sassen, *Migranten, Siedler, Flüchtlinge. Von der Massenauswanderung zur Festung Europa*, Frankfurt a. M. 1996, S. 10.
3 Andreas Kossert, *Flucht. Eine Menschheitsgeschichte*, 2020 München.
4 Achim Schrader / Bruno W. Nikles / Hartmut M. Griese, *Die Zweite Generation. Sozialisation und Akkulturation ausländischer Kinder in der Bundesrepublik*, Königstein i. T. 1979, S. 71.

Postmigrantische Beheimatung

1 Vgl. Ozan Demircan, »Dass uns zwei Gastarbeiterkinder vor der Pandemie retten könnten, sollte keine Nachricht sein«, 11. 11. 2020, online: https://www.handelsblatt.com/politik/international/kommentar-dass-uns-zwei-gastarbeiterkinder-vor-der-pandemie-retten-koennten-sollte-keine-nachricht-sein/26612466.html?ticket=ST-2291973-141V1TqQHHkUz5qPmK2f-ap2 [Abruf 18. 5. 2021].
2 Naika Foroutan, »Heimat. Erde. Migration. Mein kulturelles Code-Switching«, in: *Kursbuch 198: Heimatt*, Hamburg 2019, S. 113–124, hier S. 114.

3 Hilal Sezgin, »Deutschland schafft mich ab«, in: H. S. (Hrsg.), *Deutschland erfindet sich neu. Manifest der Vielen*, Berlin 2011, S. 45–52, hier S. 52.

4 Diese biografischen Darstellungen gehen aus Gesprächen hervor, die 2015 im Rahmen einer kleinen Studie in Istanbul mit den Angehörigen der postmigrantischen Generation geführt wurden.

5 Als *Almanci* (›Deutschländer‹) werden in der türkischen Umgangssprache deutsch-türkische Personen bezeichnet. Der Begriff hat einen negativen Beiklang und spielt unter anderem auf Eigenschaften wie Arroganz, Pedanterie und Unhöflichkeit an, wird aber von den Betroffenen selbst oft ironisch gebraucht.

Die weltoffene Stadt

1 Peter Eppel, »Einleitung«, in: WIR. *Zur Geschichte und Gegenwart der Zuwanderung nach Wien*, 217. Sonderausstellung des Historischen Museums der Stadt Wien, Wien 1996.

Ein Blick in die Alltagspraxis

1 Exemplarisch dazu vgl. Wolf-Dietrich Bukow / Claudia Nikodem / Erika Schulze / Erol Yildiz, *Die multikulturelle Stadt. Von der Selbstverständlichkeit im städtischen Alltag*, Opladen 2001, bes. S. 155–167.

Daheim in allen Welten

1 Zafer Şenocak, »Der Dichter und die Deserteure. Rushdie und seine Satanischen Verse zwischen den Fronten«, in: Z. Ş., *War Hitler Araber? IrreFührungen an den Rand Europas. Essays*, Berlin 1994, S. 21–28, hier S. 23.

2 Ulrich Beck, »Das fremde eigene Leben – Globalisierung und Politisierung der Lebensführung«, in: U. B. / Ulf Erdmann / Timm

Rautert (Hrsg.), *Eigenes Leben. Ausflüge in die unbekannte Gesellschaft, in der wir leben*, München 1997, S. 38–43, hier S. 41.
3 Ulrich Beck, *Die Metamorphose der Welt*, Berlin 2017.
4 Ulf Hannerz, *Transnational Connections*, London 1996.
5 Salman Rushdie, »In gutem Glauben«, in: S. R., *Heimatländer der Phantasie: Essays und Kritiken 1981–1991*, München 1992, S. 456–481, hier S. 457.
6 Amartya Sen, *Identitätsfalle. Warum es keinen Krieg der Kulturen gibt*, München 2007, S. 8.

Die Welt vor Ort

1 Interview mit Seyla Benhabib, »Geflüchtete wurden zu Symbolen der Entfremdung«, in: *Philosophie Magazin* (2019) Nr. 2, S. 67–71, hier S. 67.
2 Gilles Deleuze / Félix Guattari, *Rhizom*, Berlin 1976.
3 Robert Misik, »Woher kommst Du? Heimat zwischen politischer Aufladung und gefühligem Selbstverständnis«, in: *Kursbuch 198: Heimatt*, Hamburg 2019, S. 155–171, hier S. 170.
4 Ferda Ataman, *Ich bin von hier. Hört auf zu fragen!*, Frankfurt a. M. 2019, S. 192.
5 Spiegelgespräch mit Ralf Rothmann, »Unsere Wurzeln liegen in der Luft«, in: *Der Spiegel*, 27. 4. 2018, Nr. 18.

Zu den Autoren

EROL YILDIZ, geb. 1960 in Samsun an der Schwarzmeerküste in der Türkei, nach Studium der Pädagogik, Soziologie und Psychologie Promotion im Fach Soziologie an der Universität zu Köln und Habilitation ebenda zum Thema: *Kosmopolitane Moderne. Die Öffnung der Orte zur Welt.* Von 2008 bis 2014 Professor für den Schwerpunkt Interkulturelle Bildung an der Alpen-Adria-Universität Klagenfurt, seit 2014 Professor für den Lehr- und Forschungsbereich Migration und Bildung an der Universität Innsbruck mit den Forschungsschwerpunkten Postmigrantische Studien, Migration, Urbanität, Vielheit.

Werke in Auswahl: *Die weltoffene Stadt. Wie Migration Globalisierung zum urbanen Alltag macht* (2014); mit Ednan Aslan und Jonas Kol, *Muslimische Diversität. Ein Kompass zur religiösen Alltagspraxis in Österreich* (2017); *Postmigrantisch denken. Heimisch in der globalisierten Gesellschaft* (2021).

Als Herausgeber: mit Birgit Mattausch, *Urban Recycling. Migration als Großstadt-Ressource* (2009); mit Marc Hill, *Nach der Migration. Postmigrantische Perspektiven jenseits der Parallelgesellschaft* (2015); mit Marc Hill, *Postmigrantische Visionen. Erfahrungen – Ideen – Perspektiven* (2018).

WOLFGANG MEIXNER, geb. in Jenbach (Tirol) 1961, Studium der Europäischen Ethnologie/Volkskunde mit Schwerpunkt Sozialgeschichte an der Universität Innsbruck, Mag. phil. 1989, Dr. phil. 2001 mit einer Dissertation zur *Sozialstruktur österreichischer Unternehmer in Cisleithanien vor 1918*, Assistent am Institut für Geschichtswissenschaften und Europäische Ethnologie an der Universität Innsbruck seit 1994; seit 1. Juli 2007 Assistenzprofessor. Von Oktober 2007 bis Ende Februar 2020 hauptamtlicher Vizerektor für Personal an der Universität Innsbruck. Forschungsschwerpunkte: Unternehmer- und Unternehmensgeschichte, wirtschaftsgeschichtliche Aspekte in der NS-Zeit, Sozialer Wandel in der Region, Tourismusgeschichte.